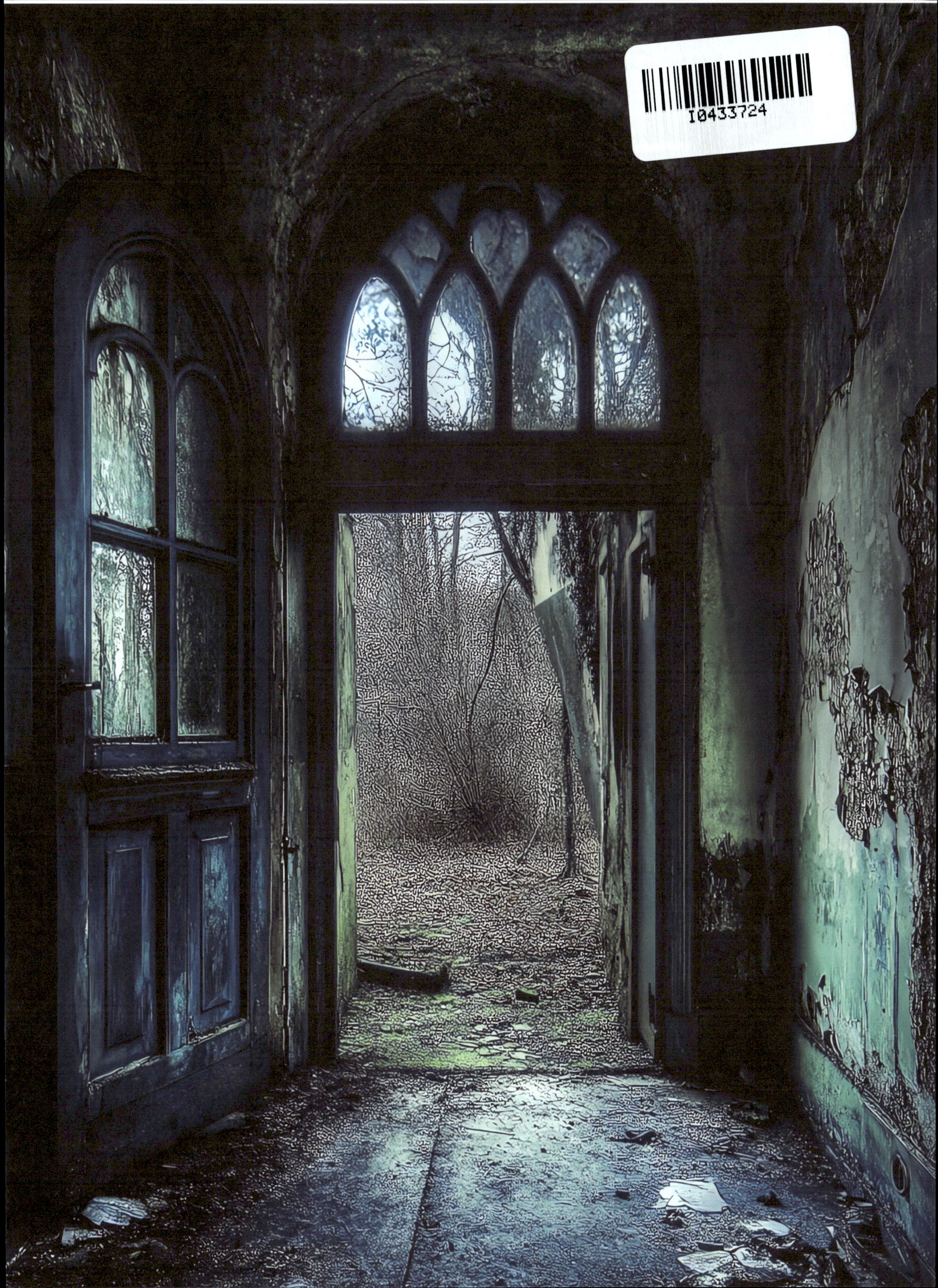

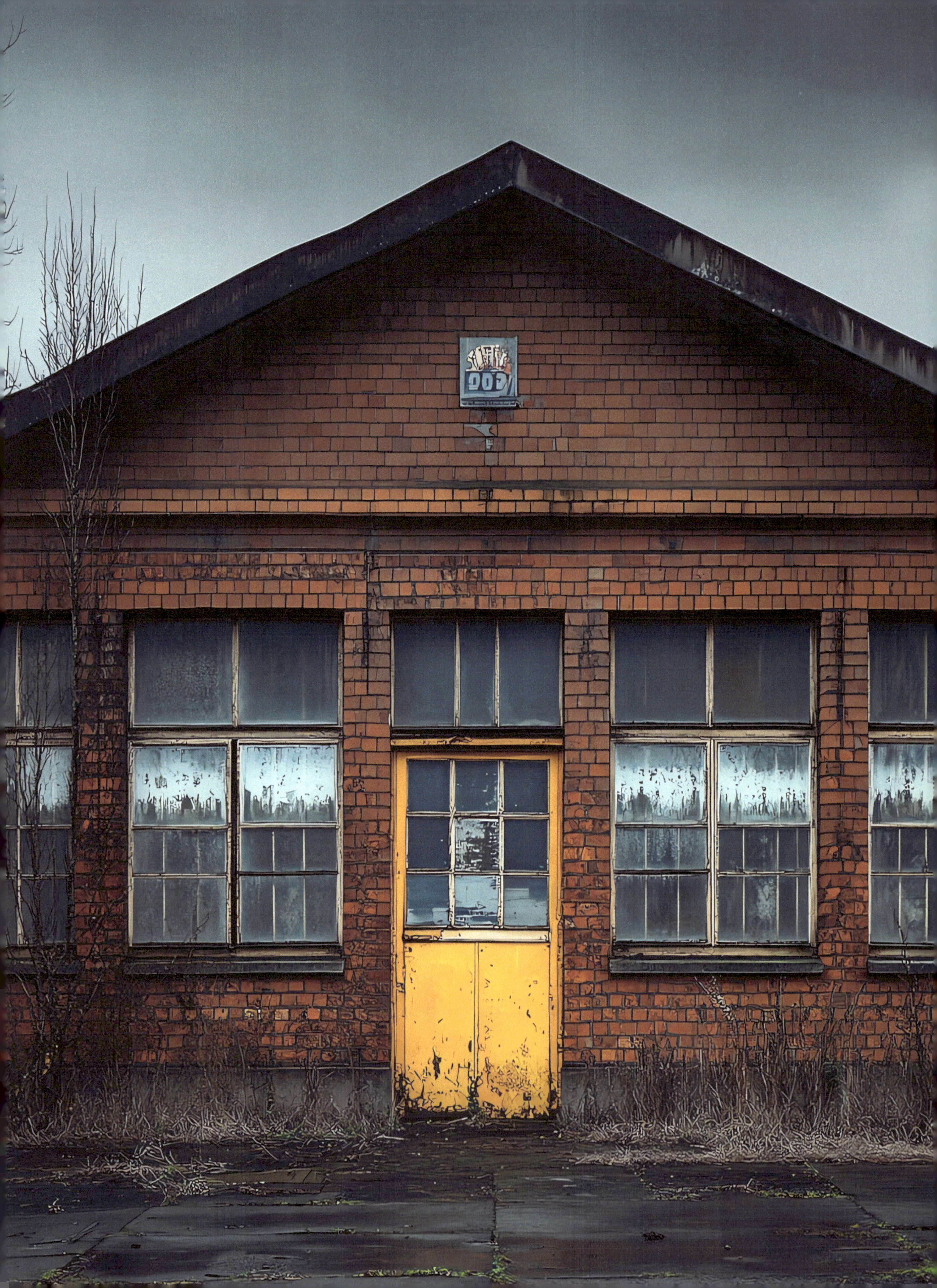

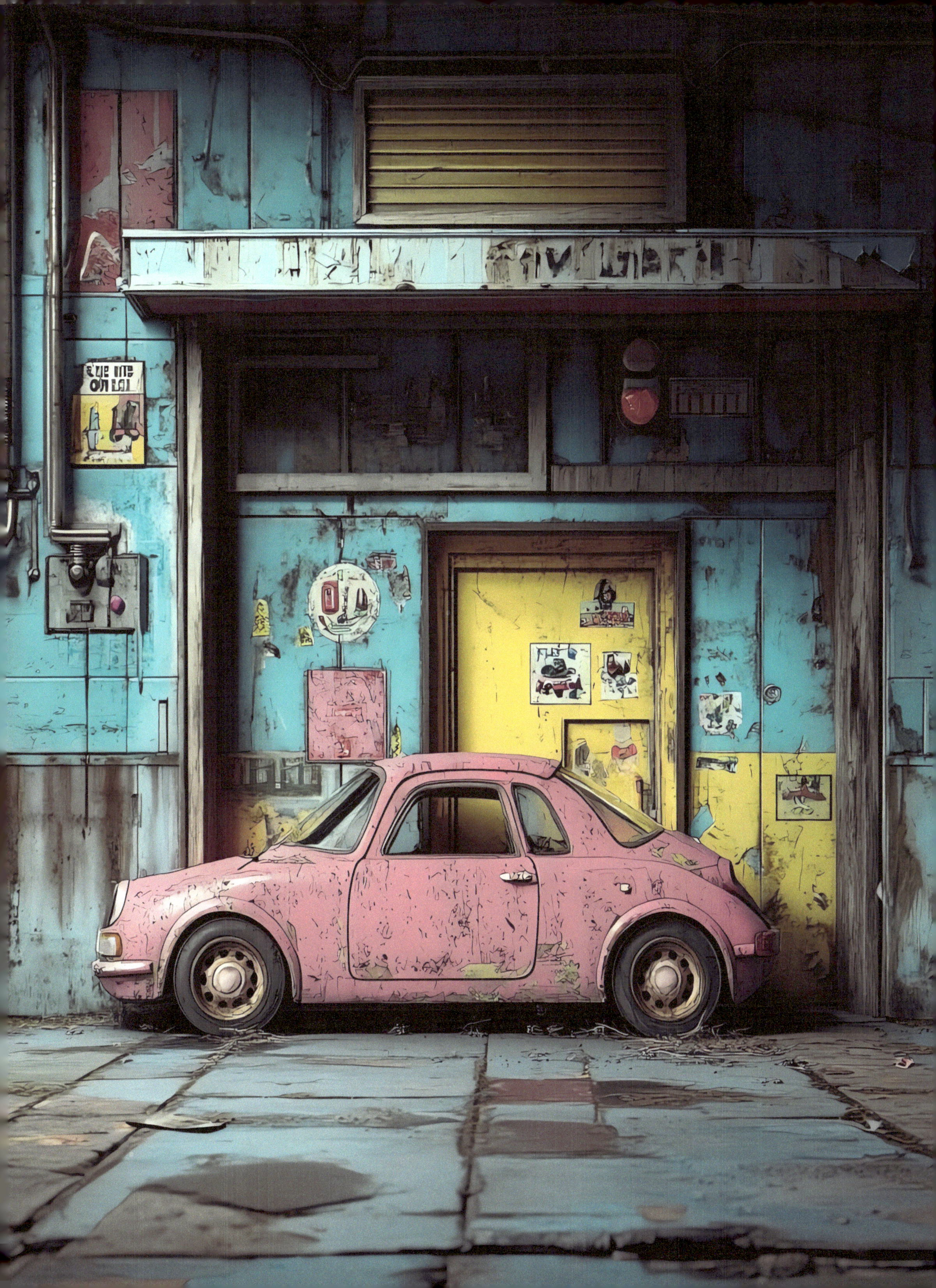

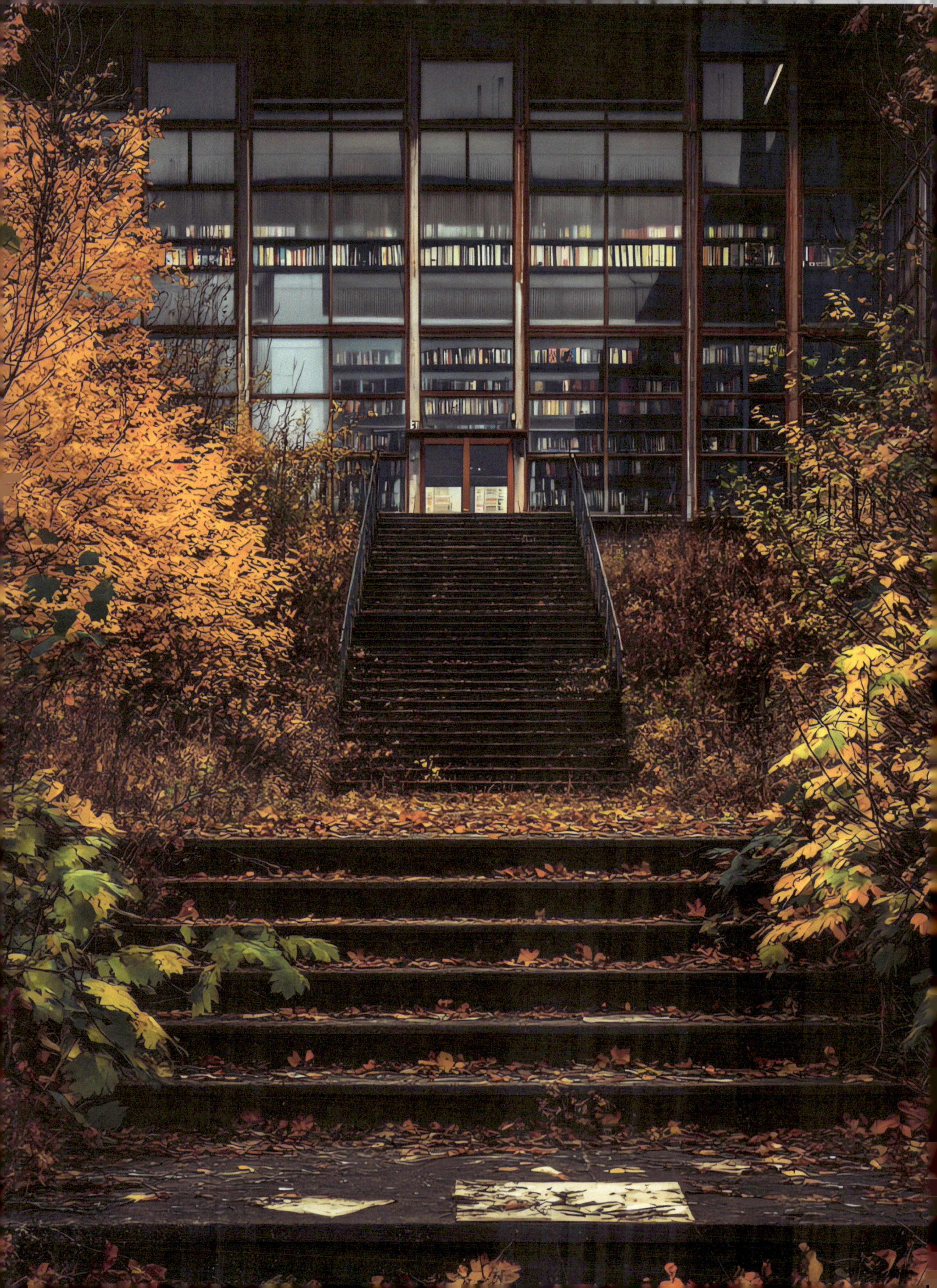

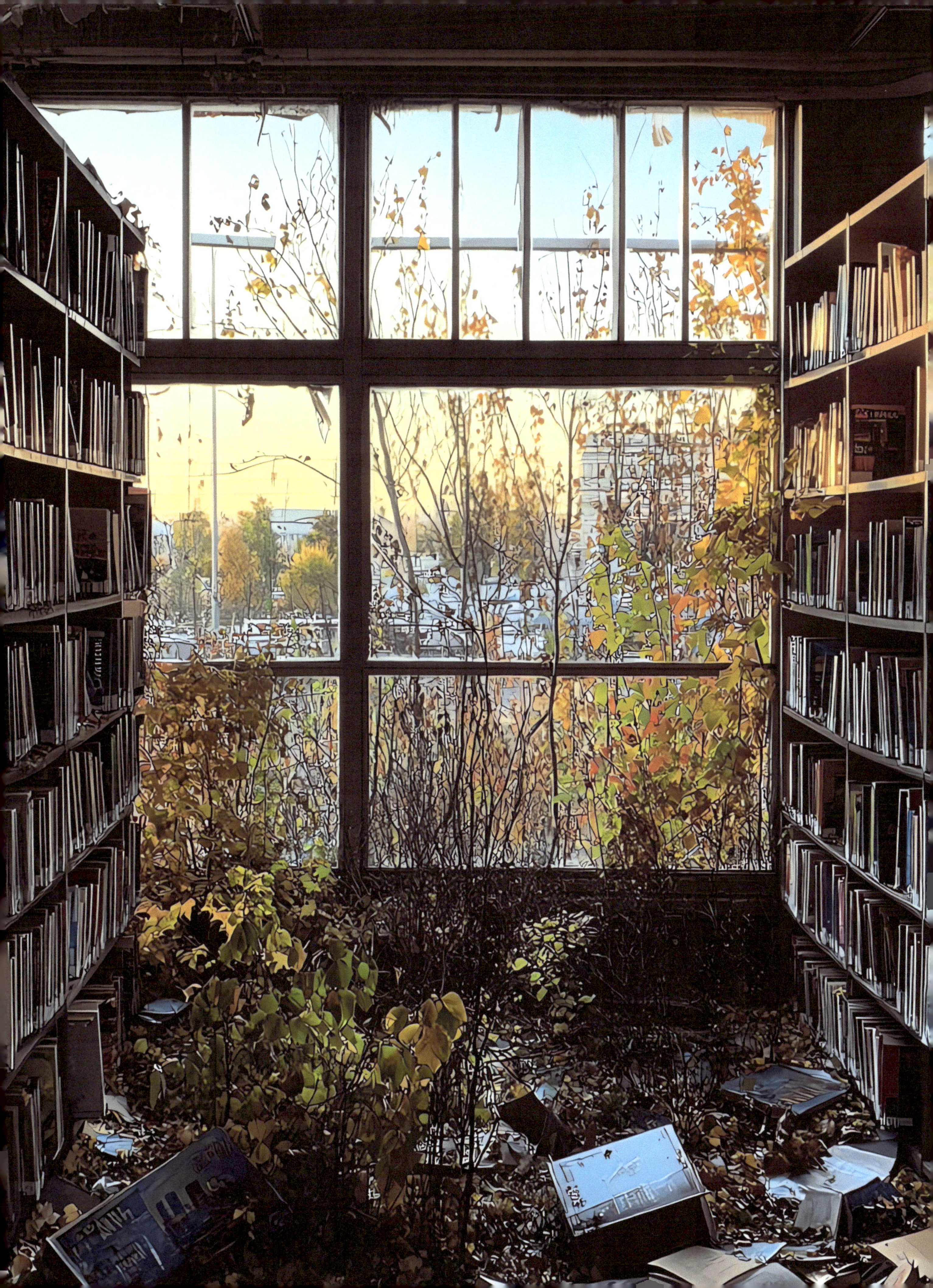

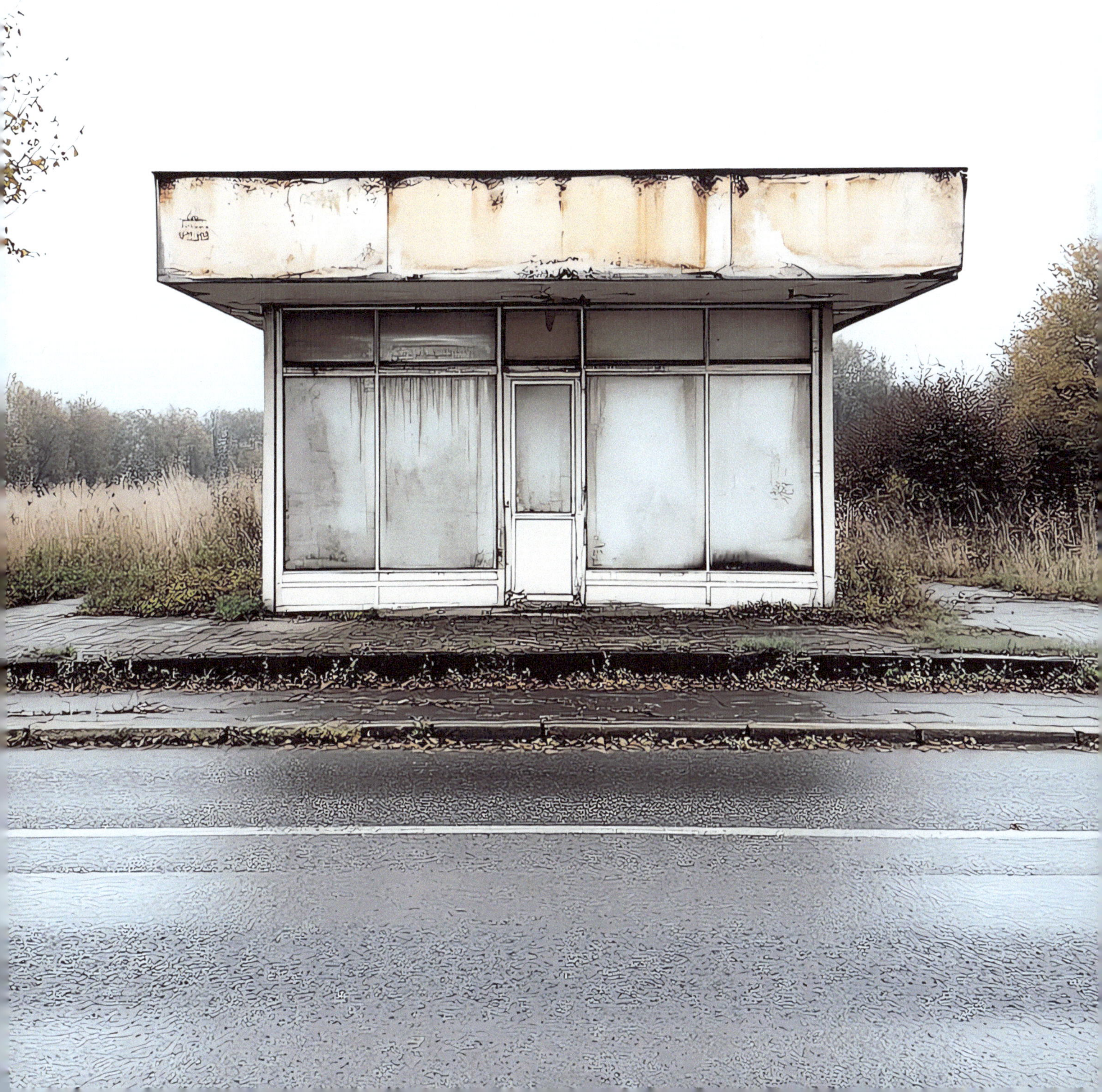

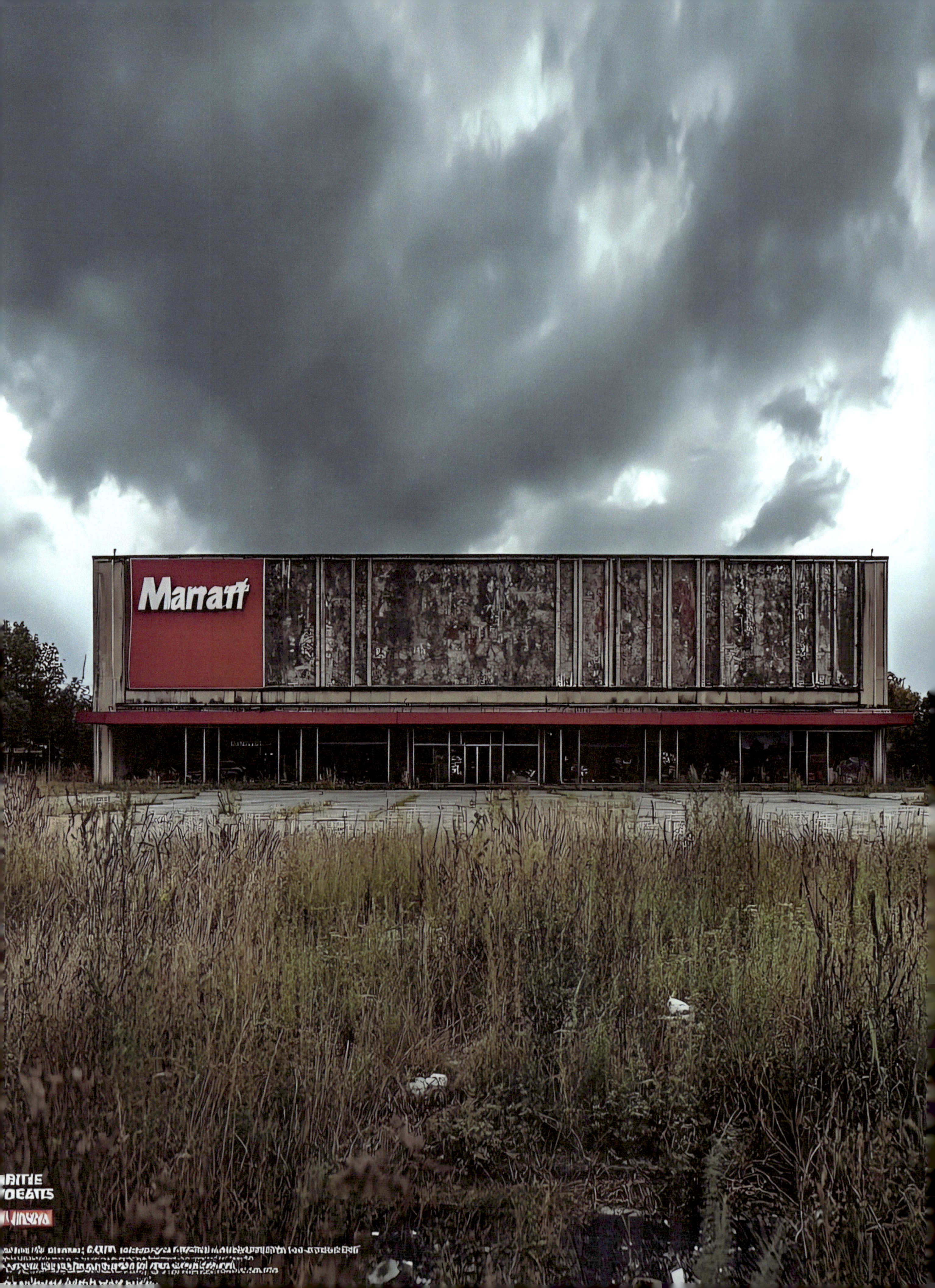
Manart

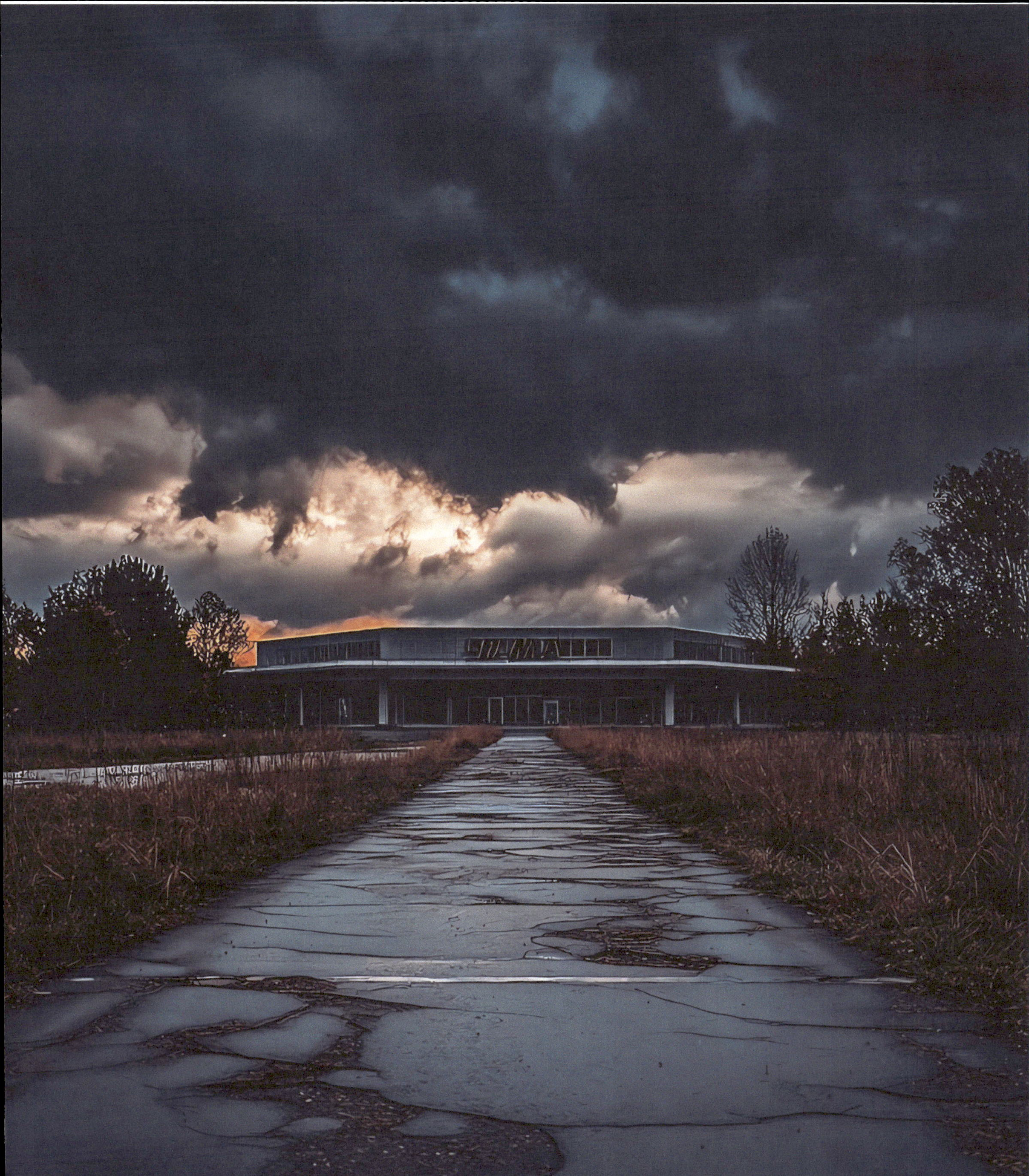

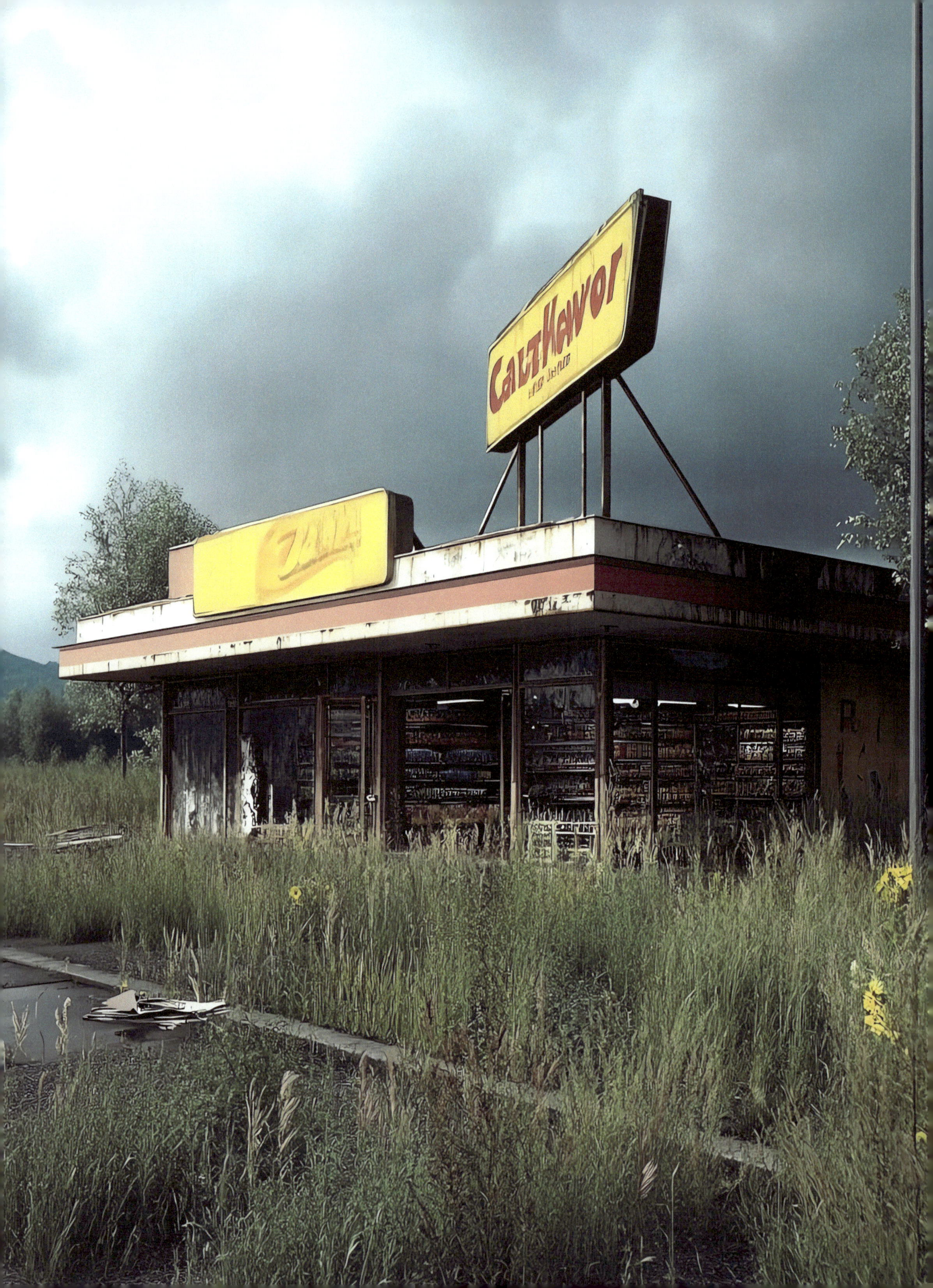

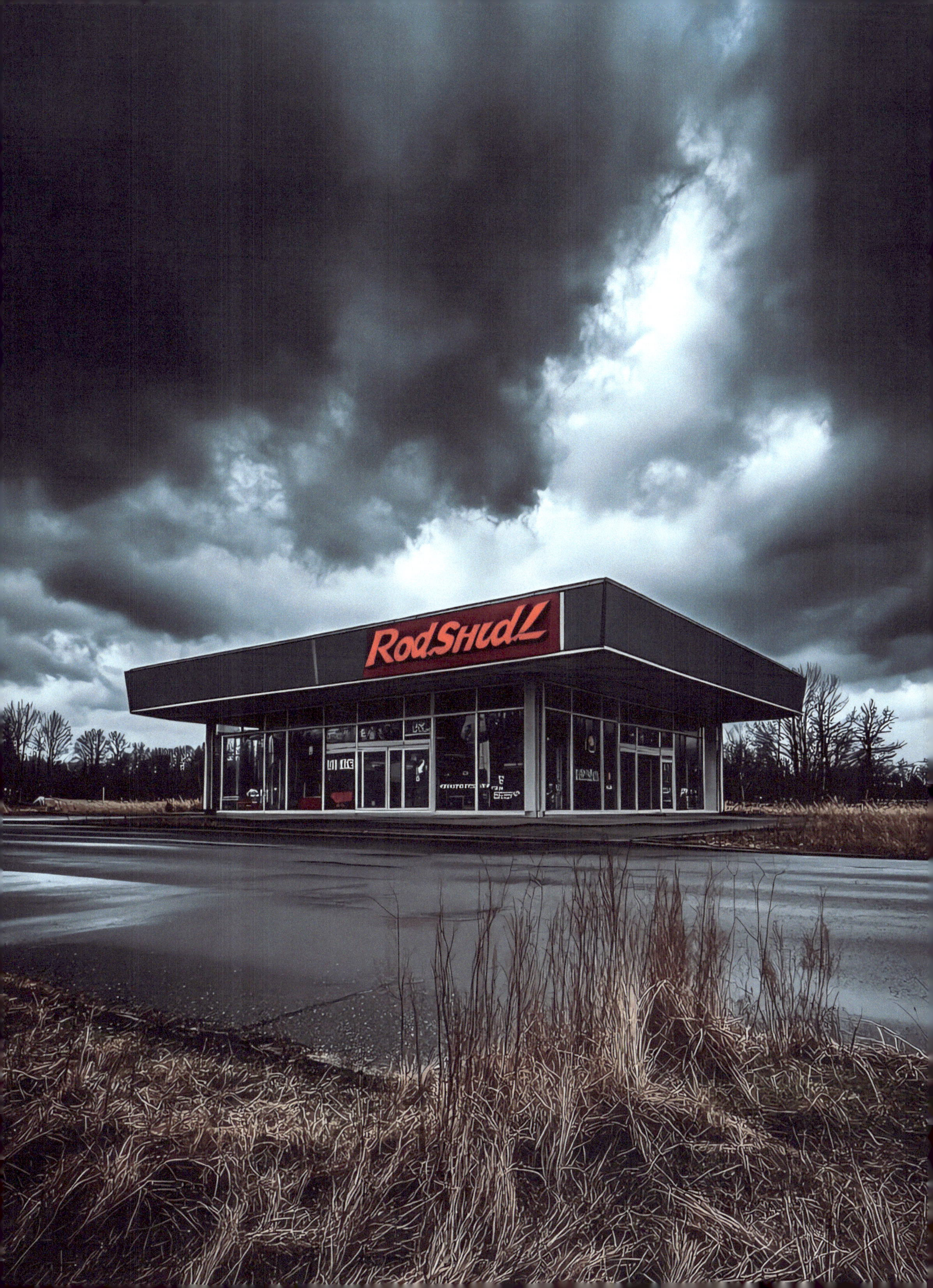
RodSHudL

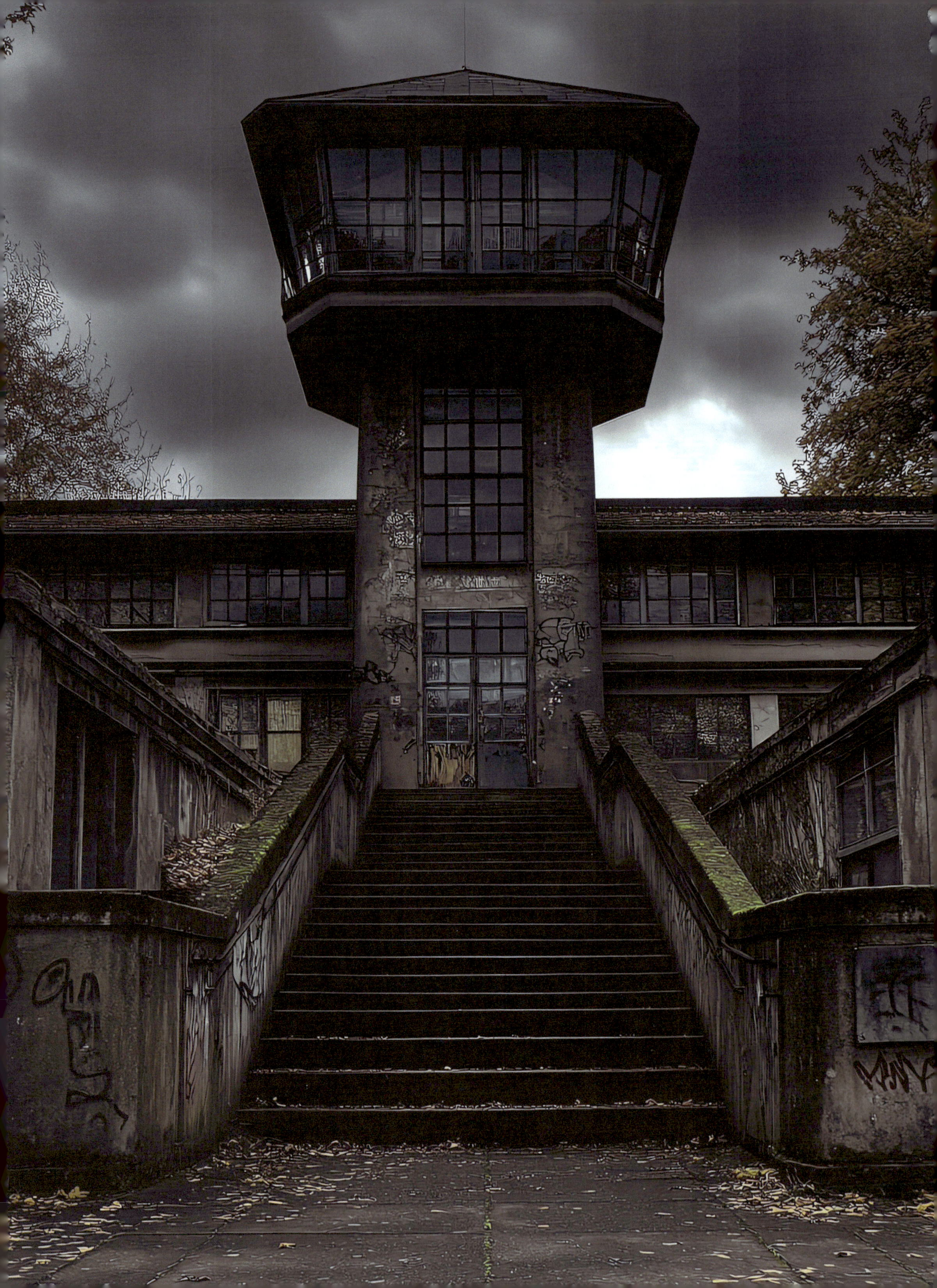

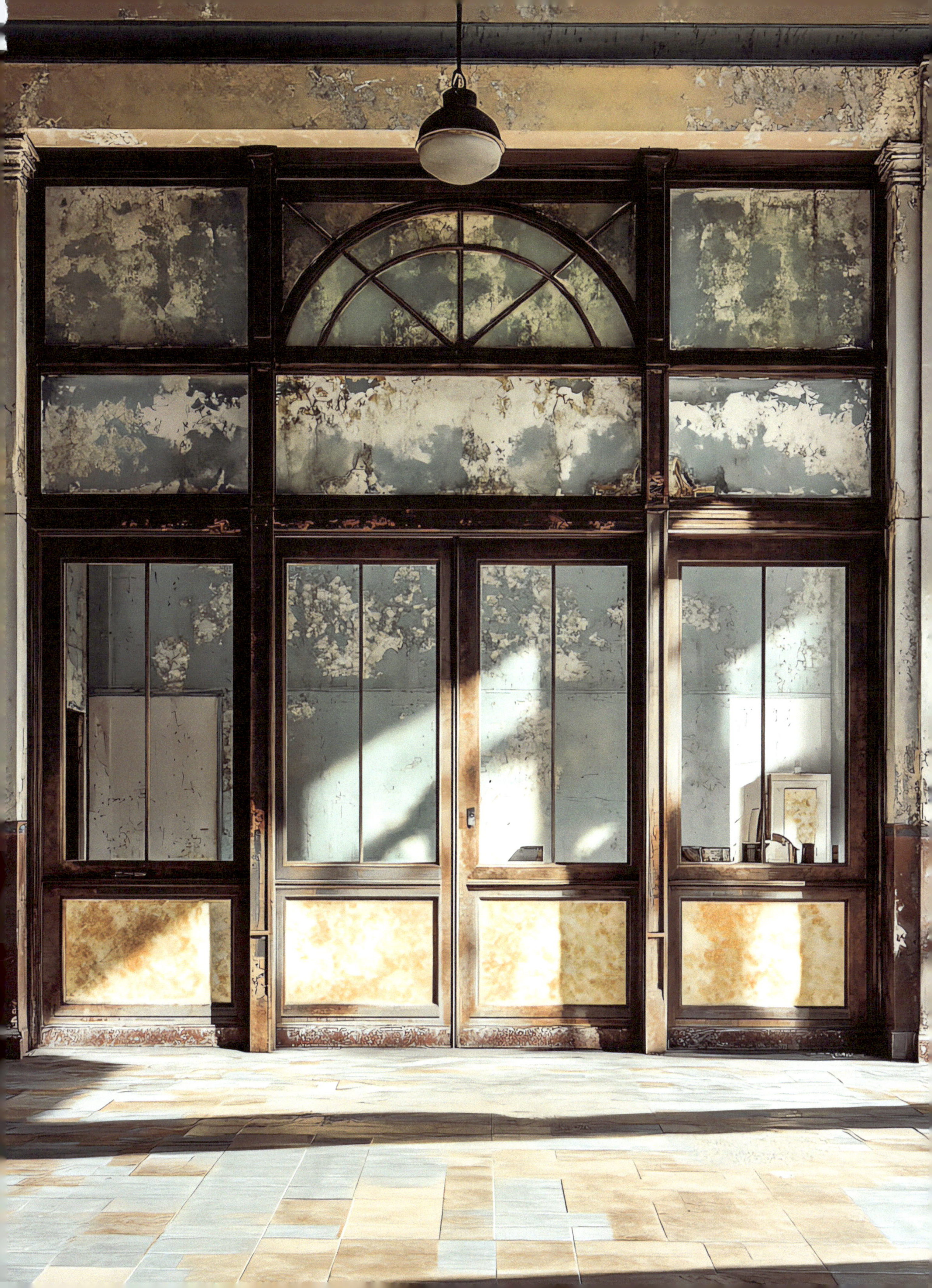

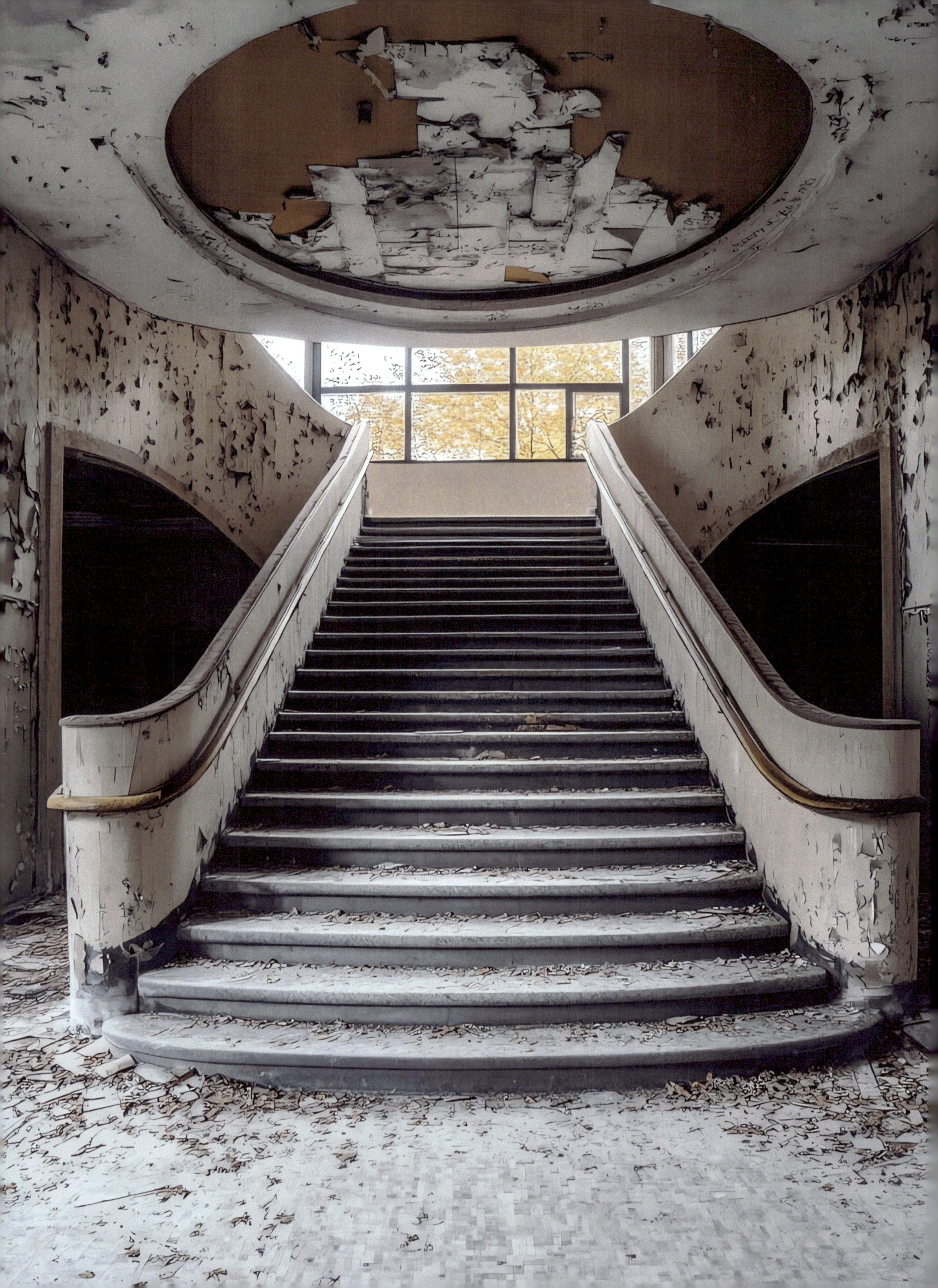

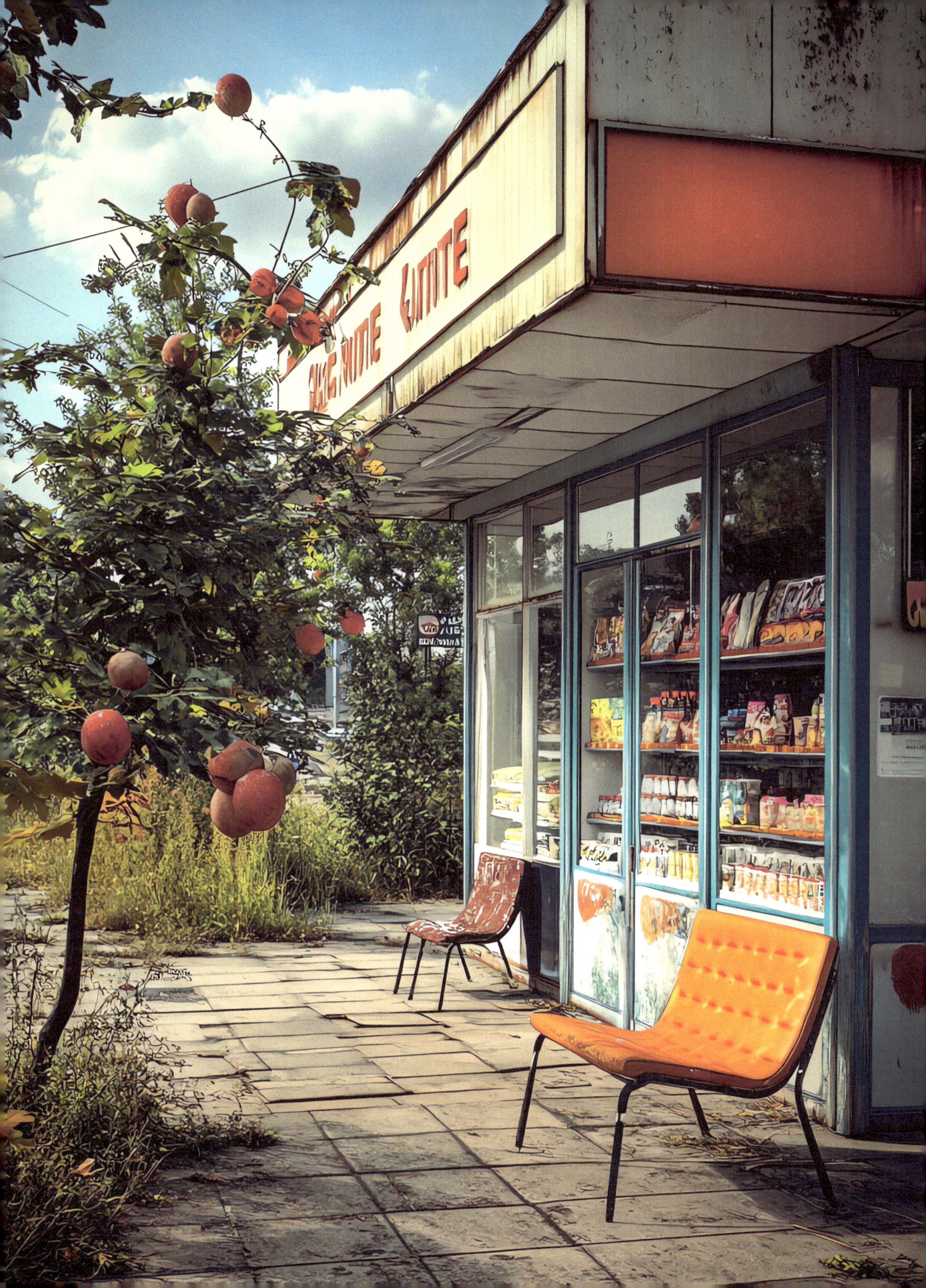

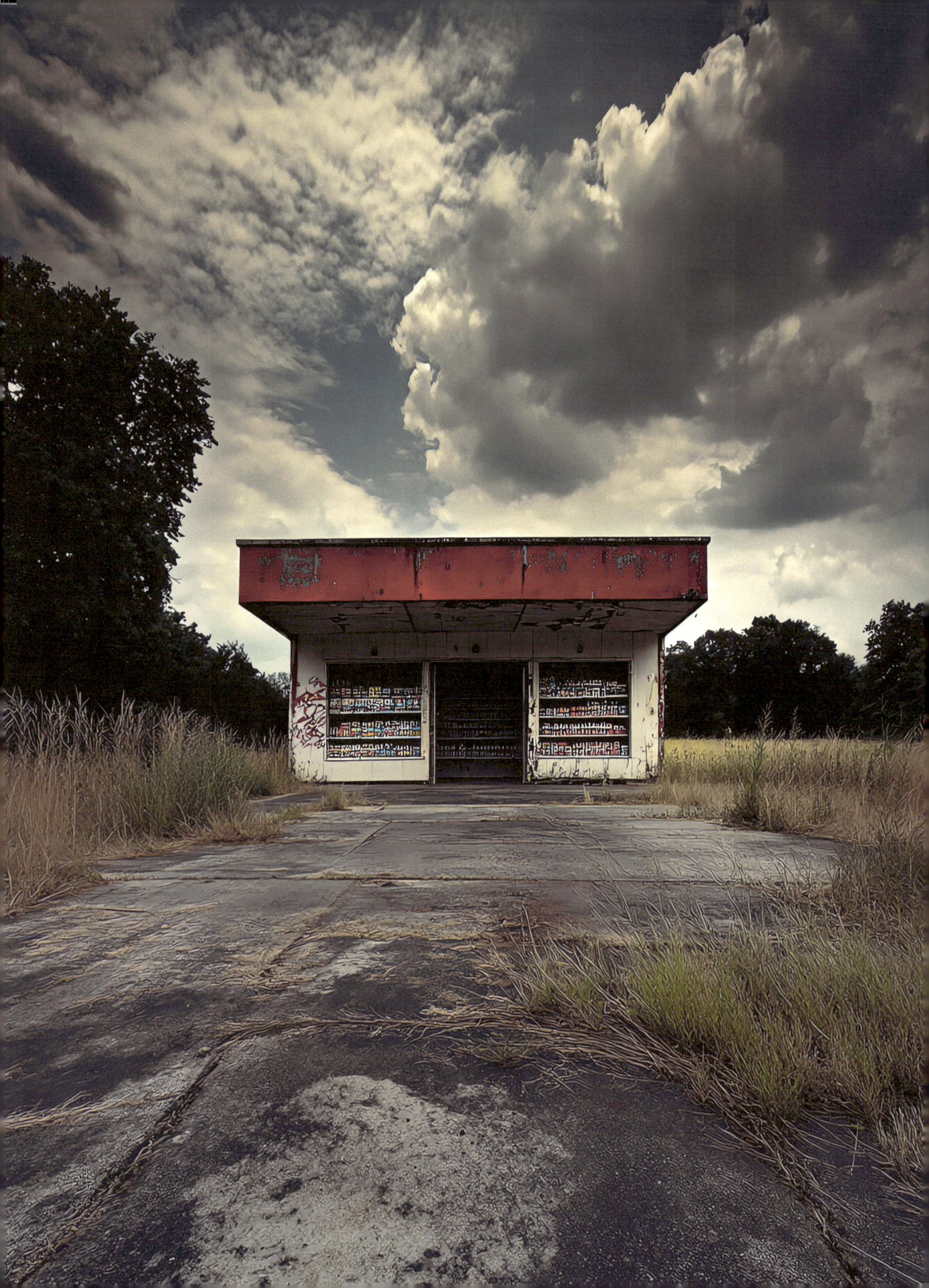

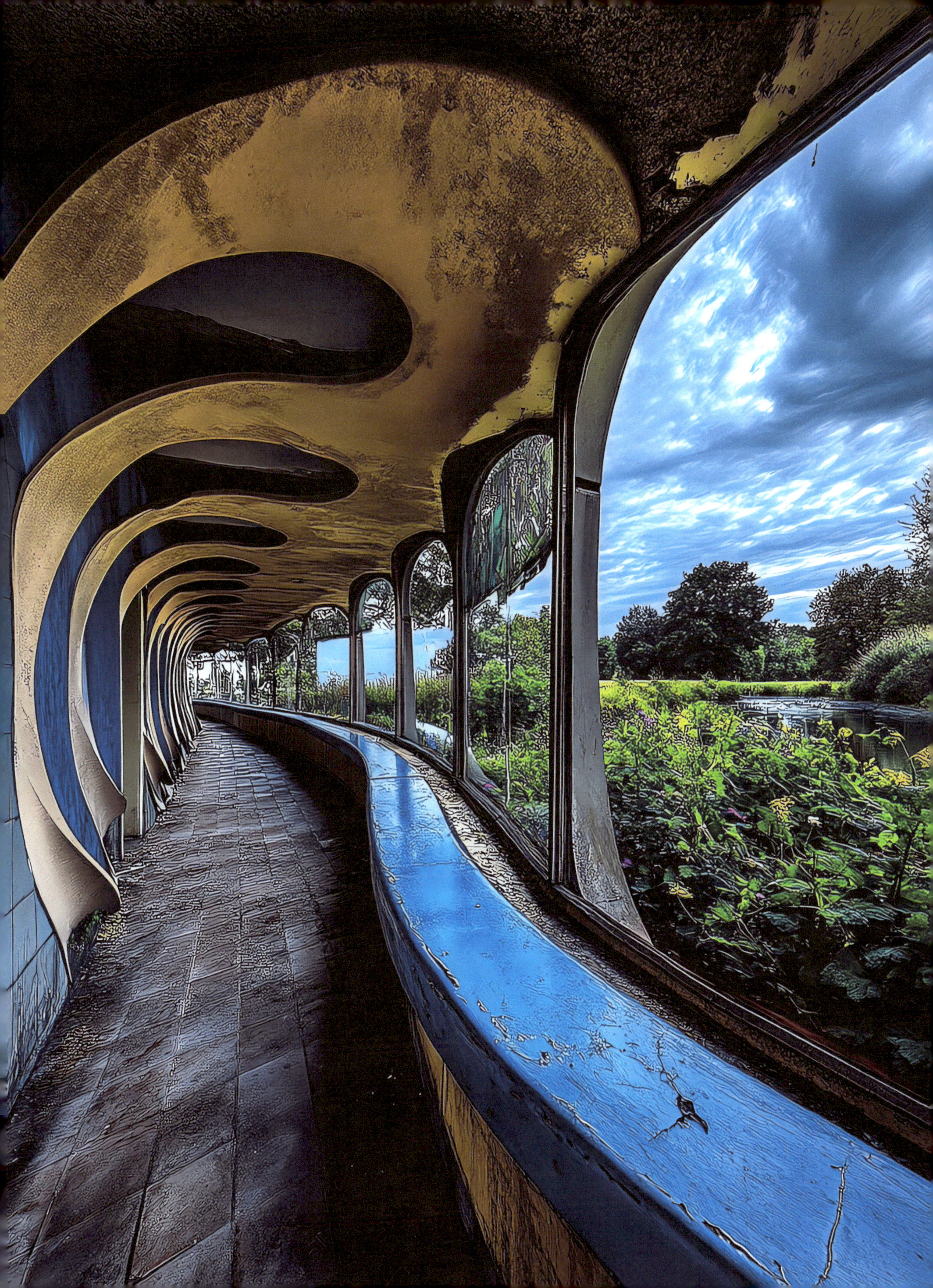

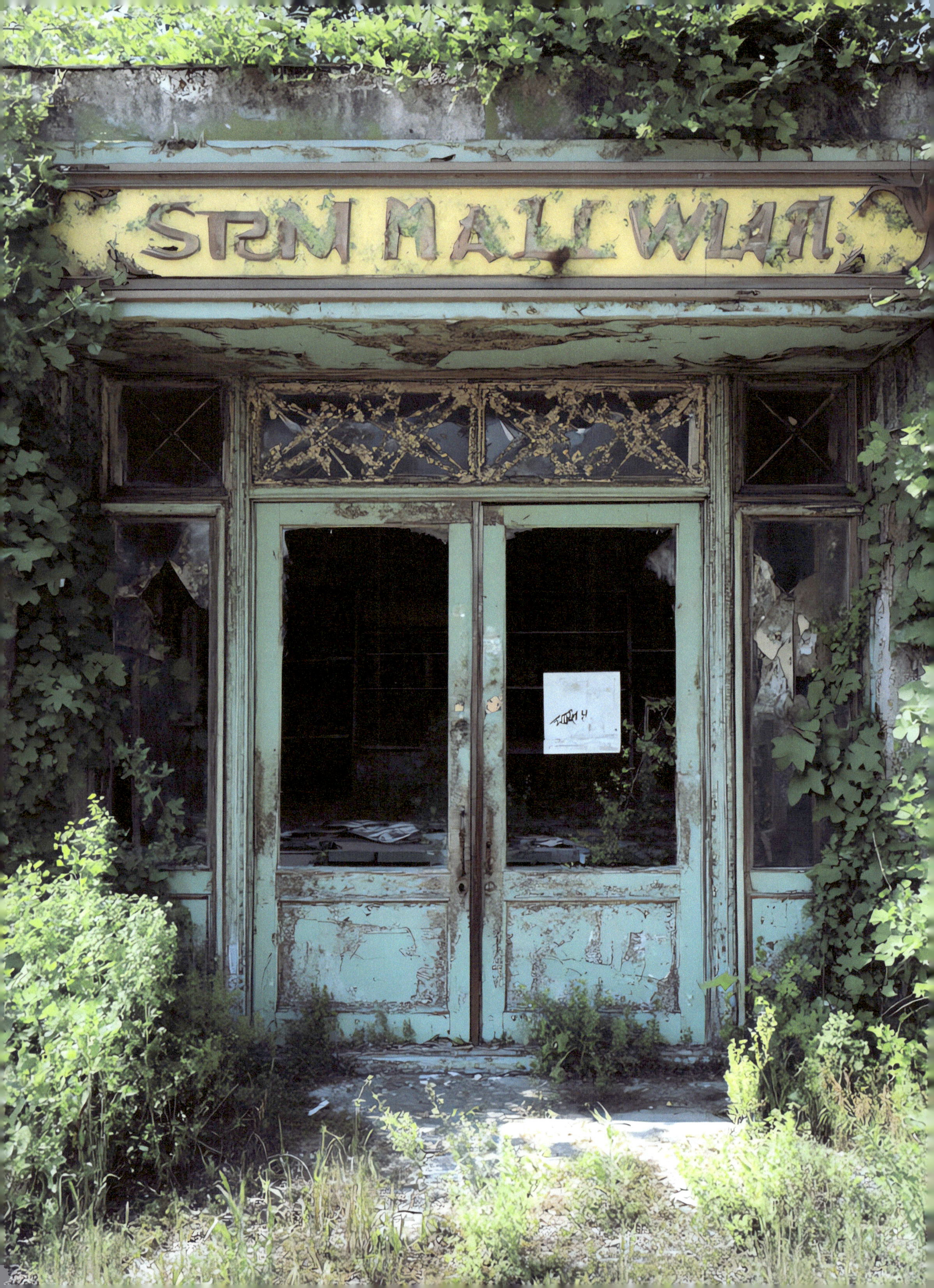

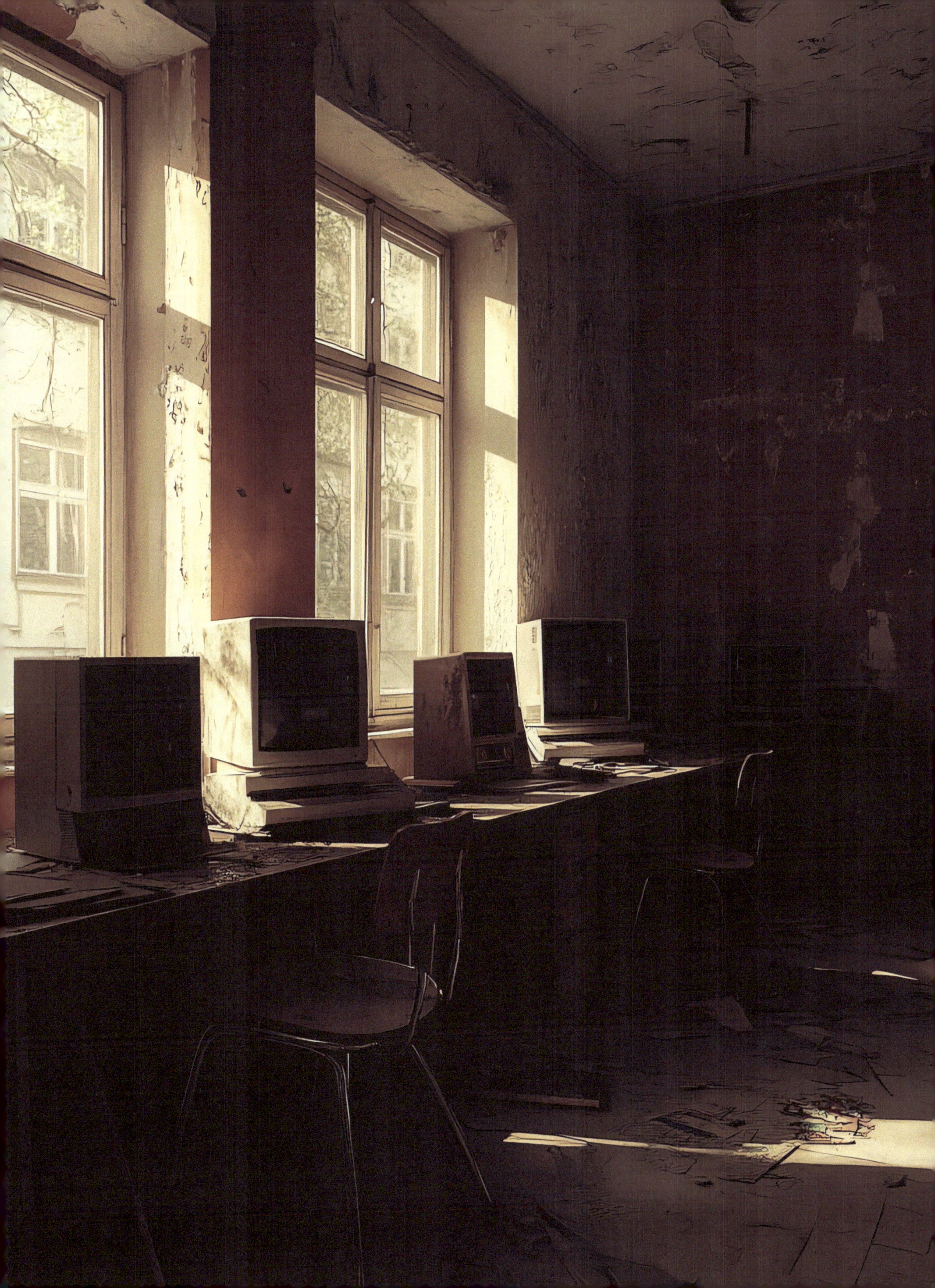

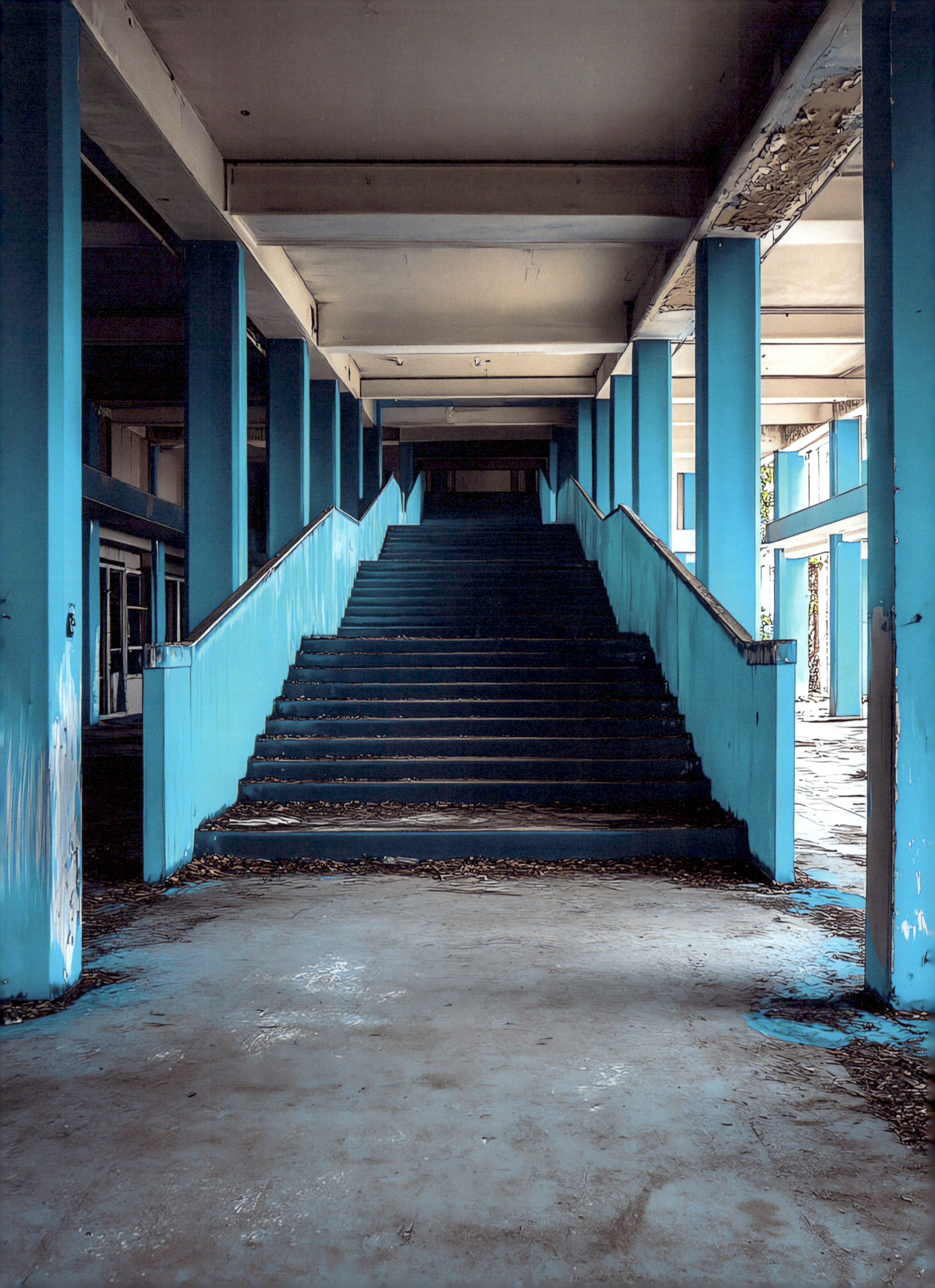

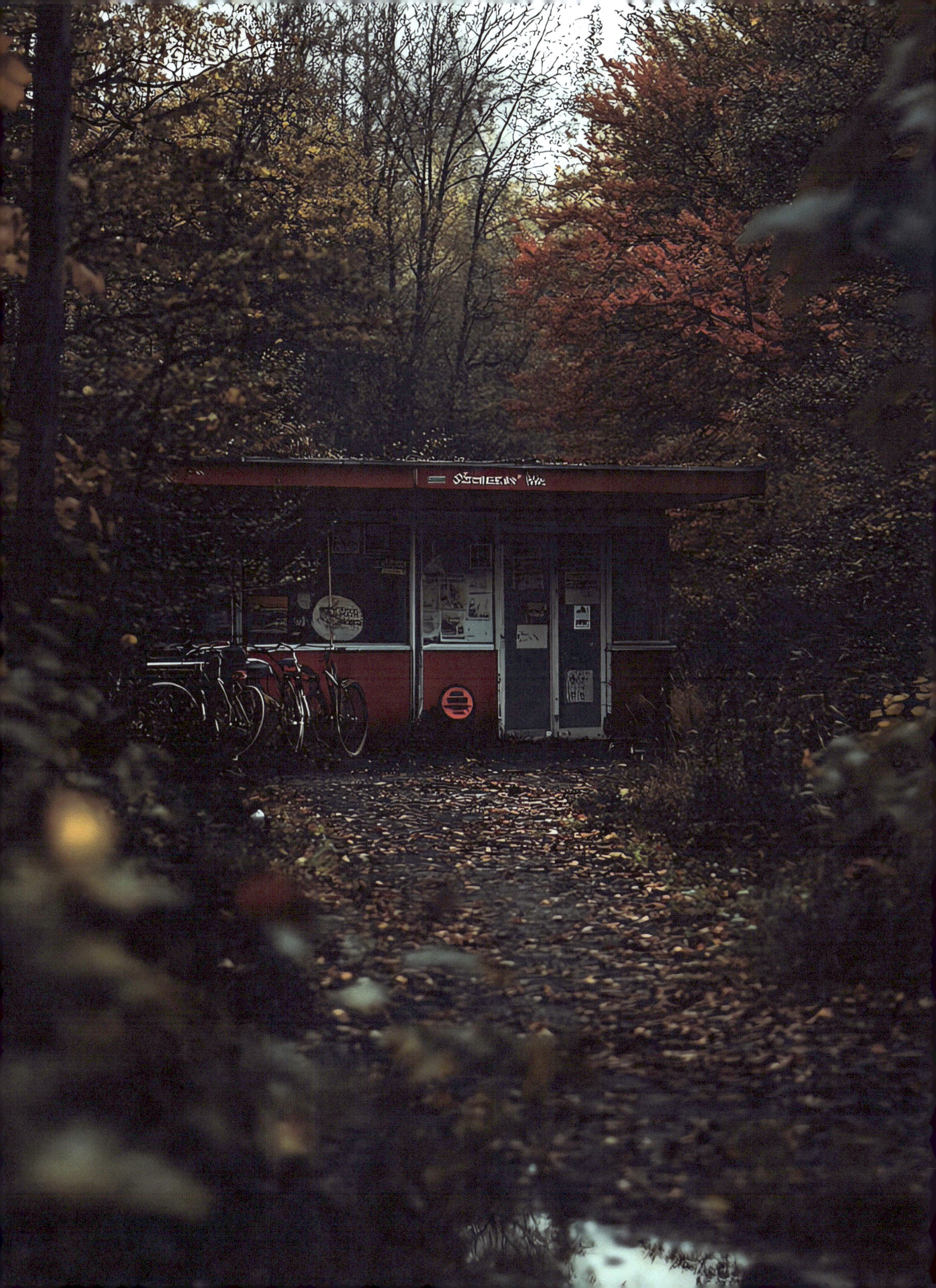

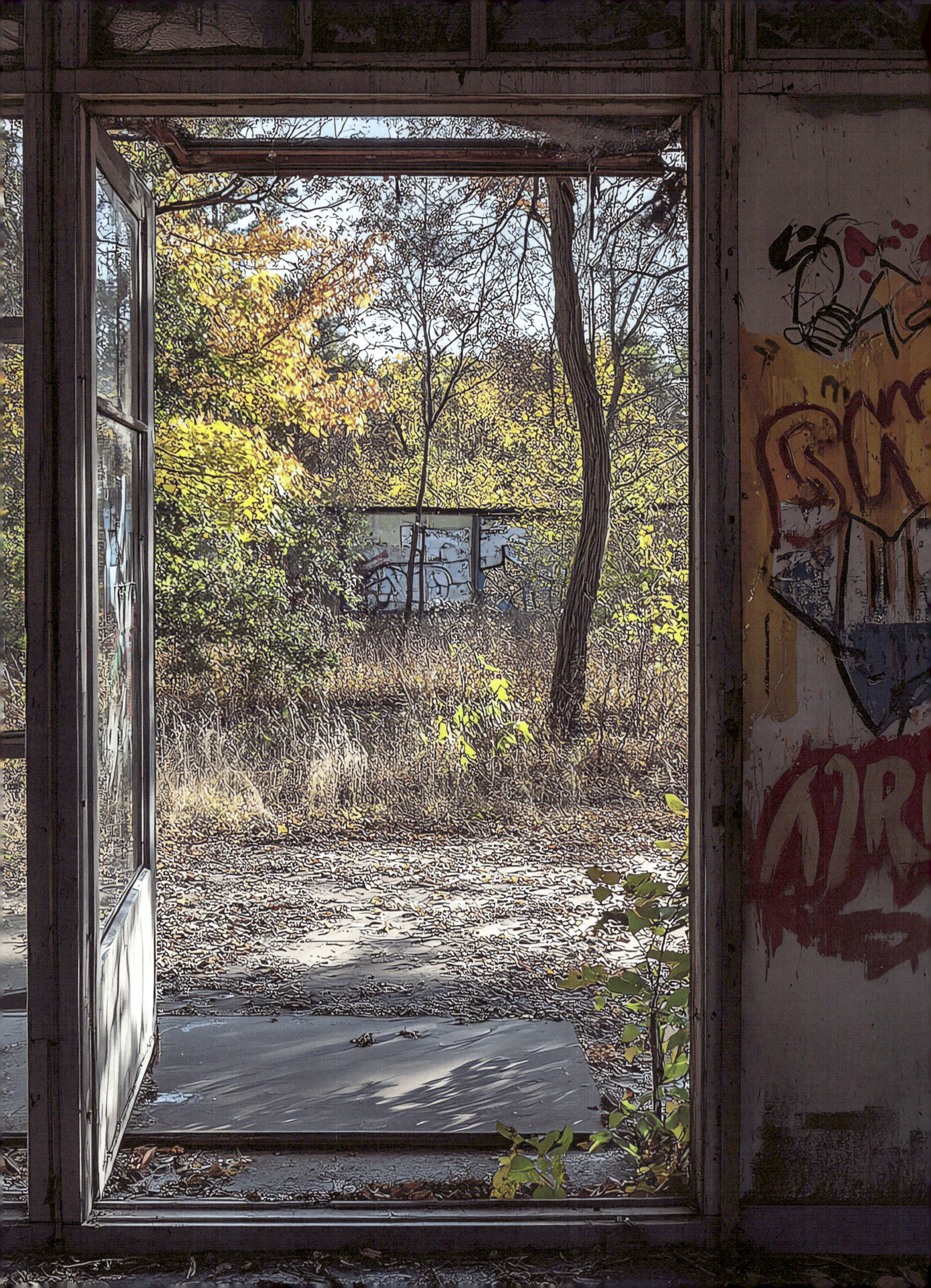

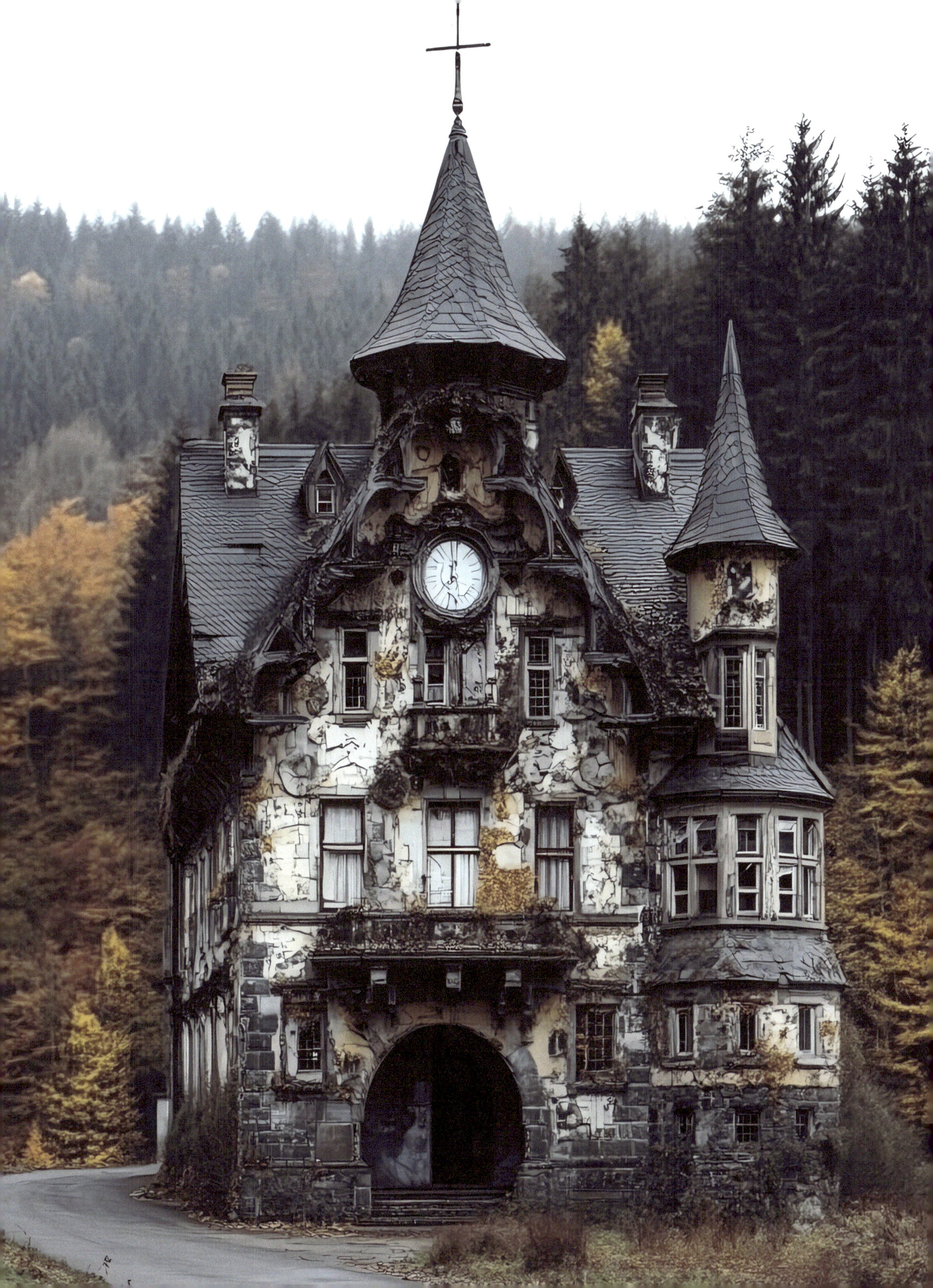

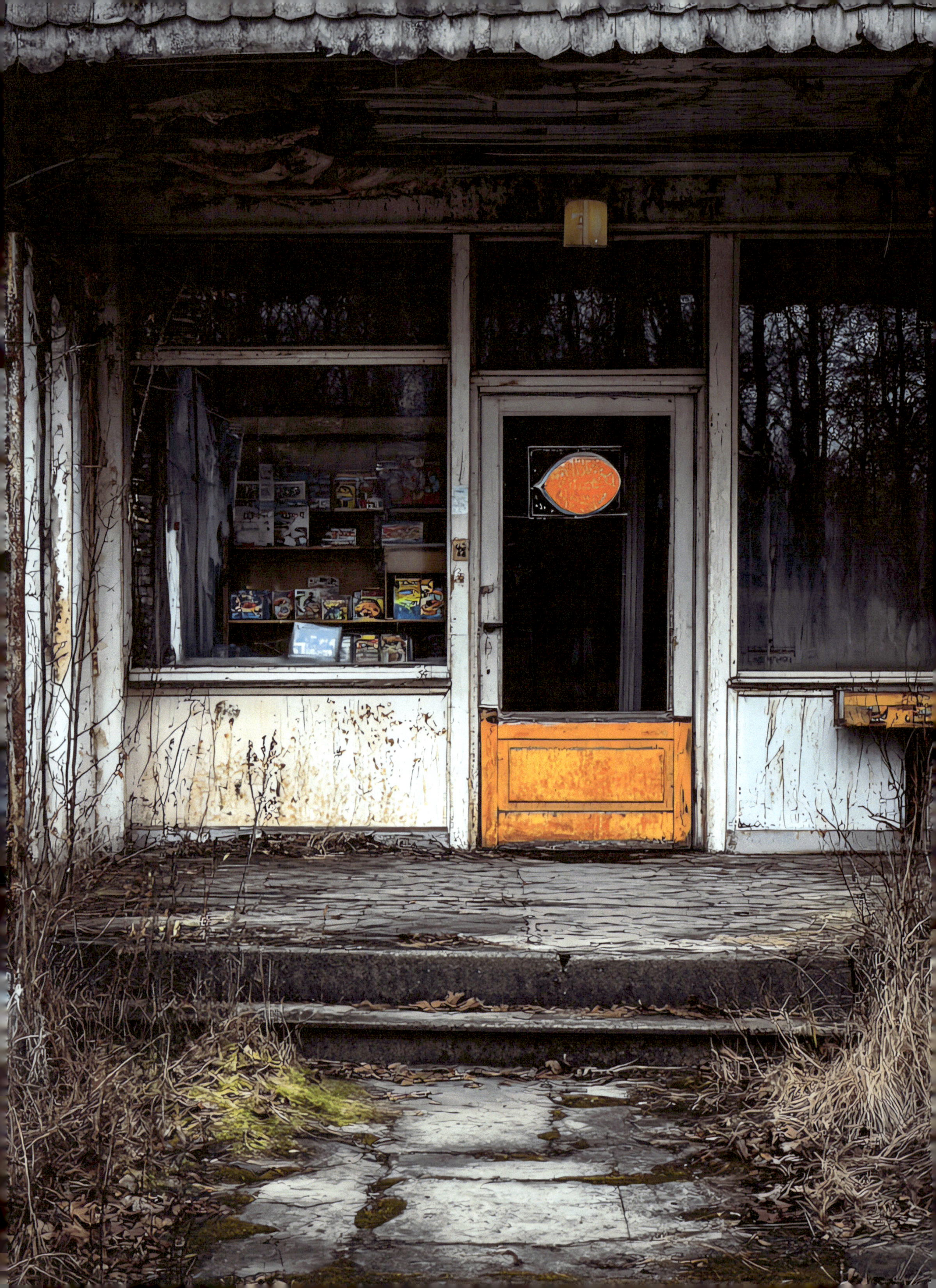

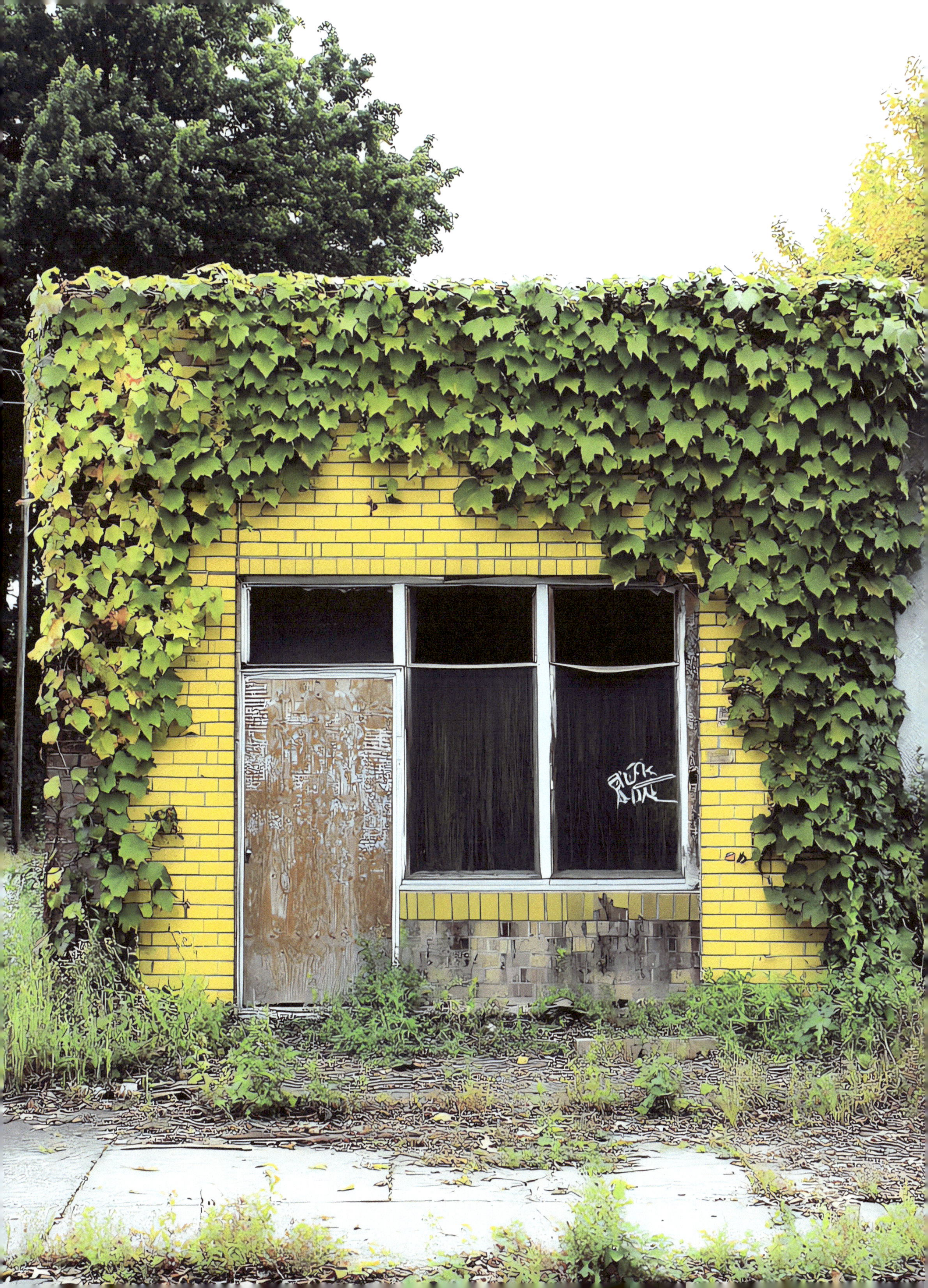

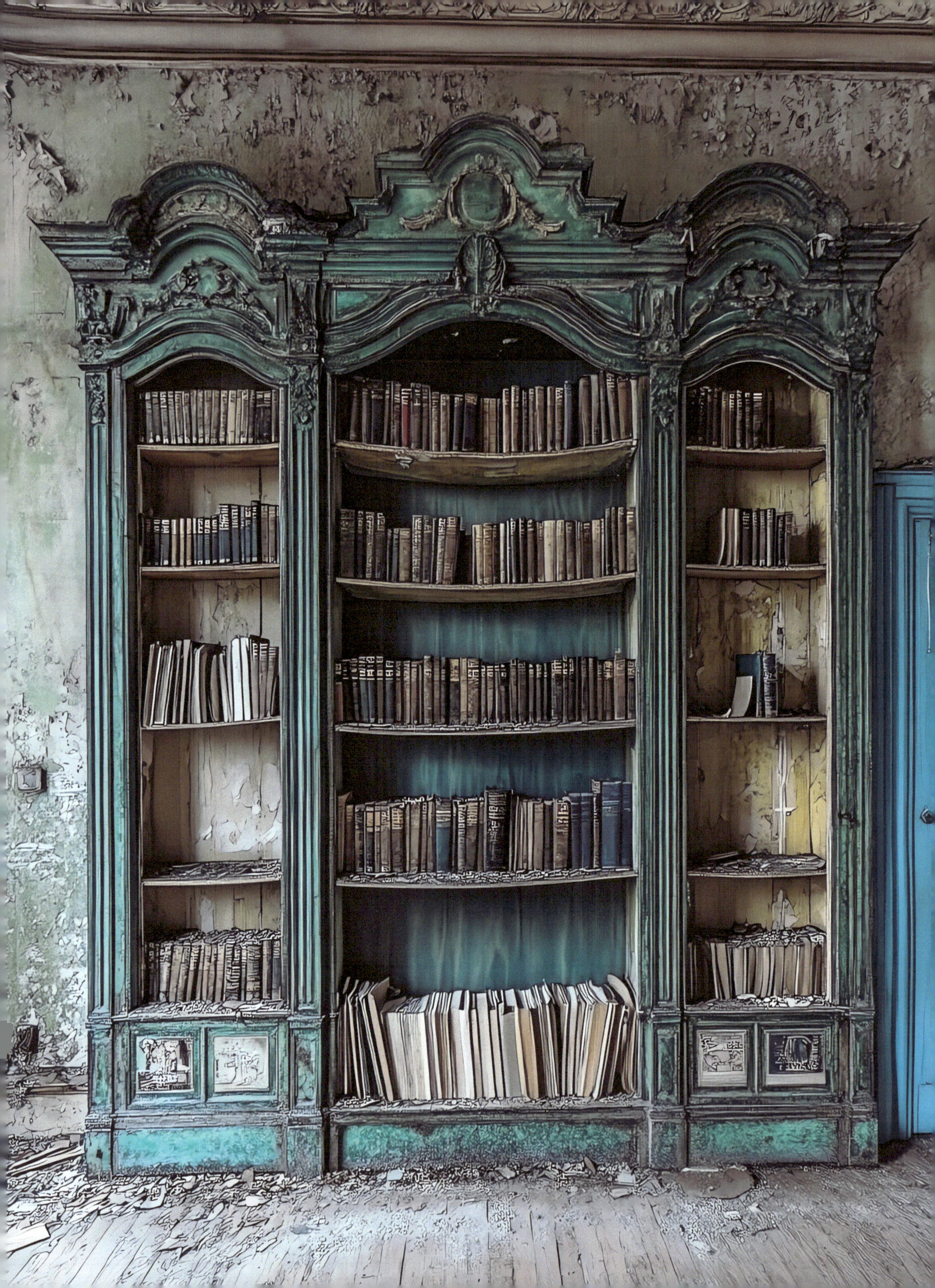

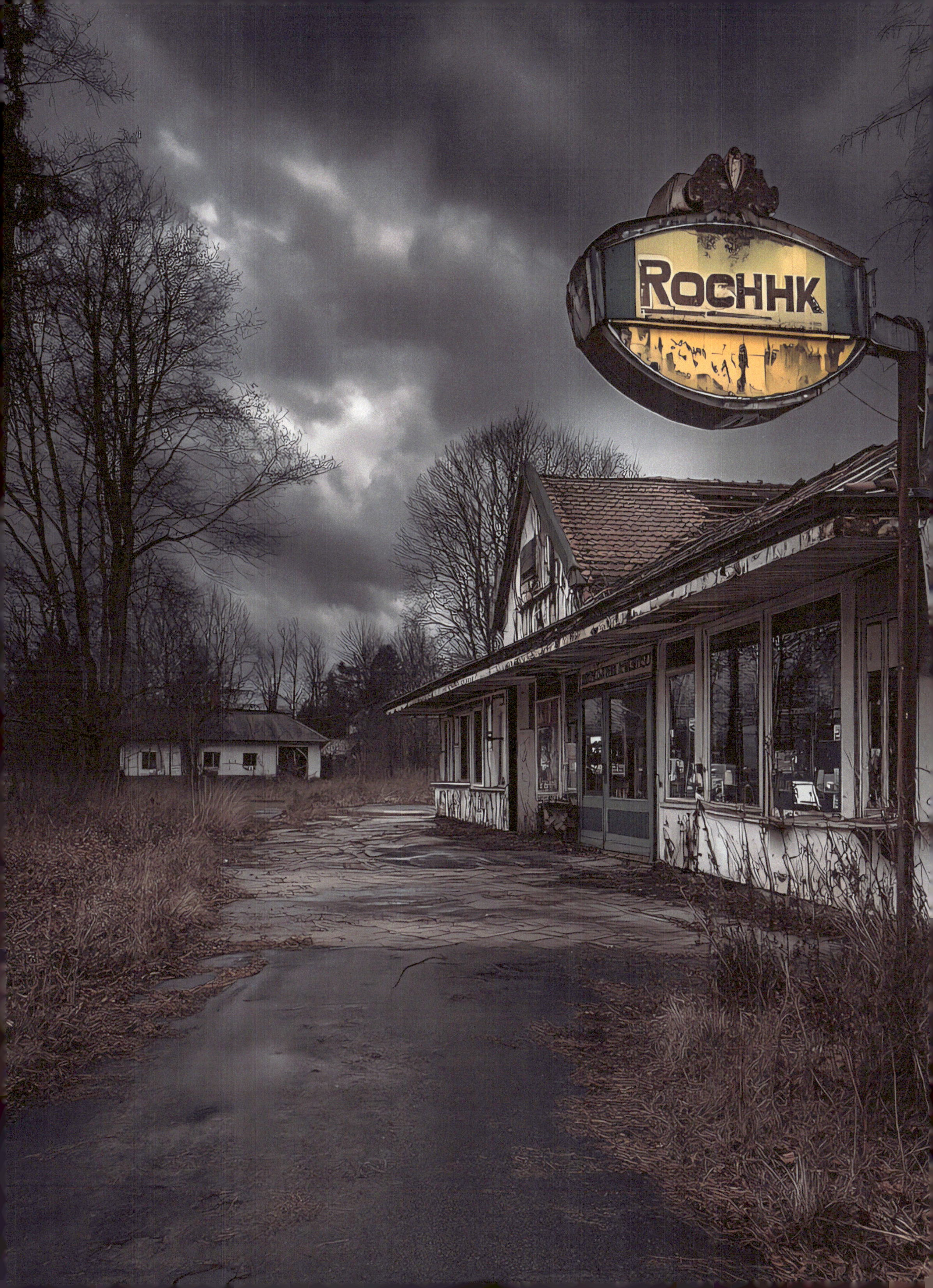
ROCHHK

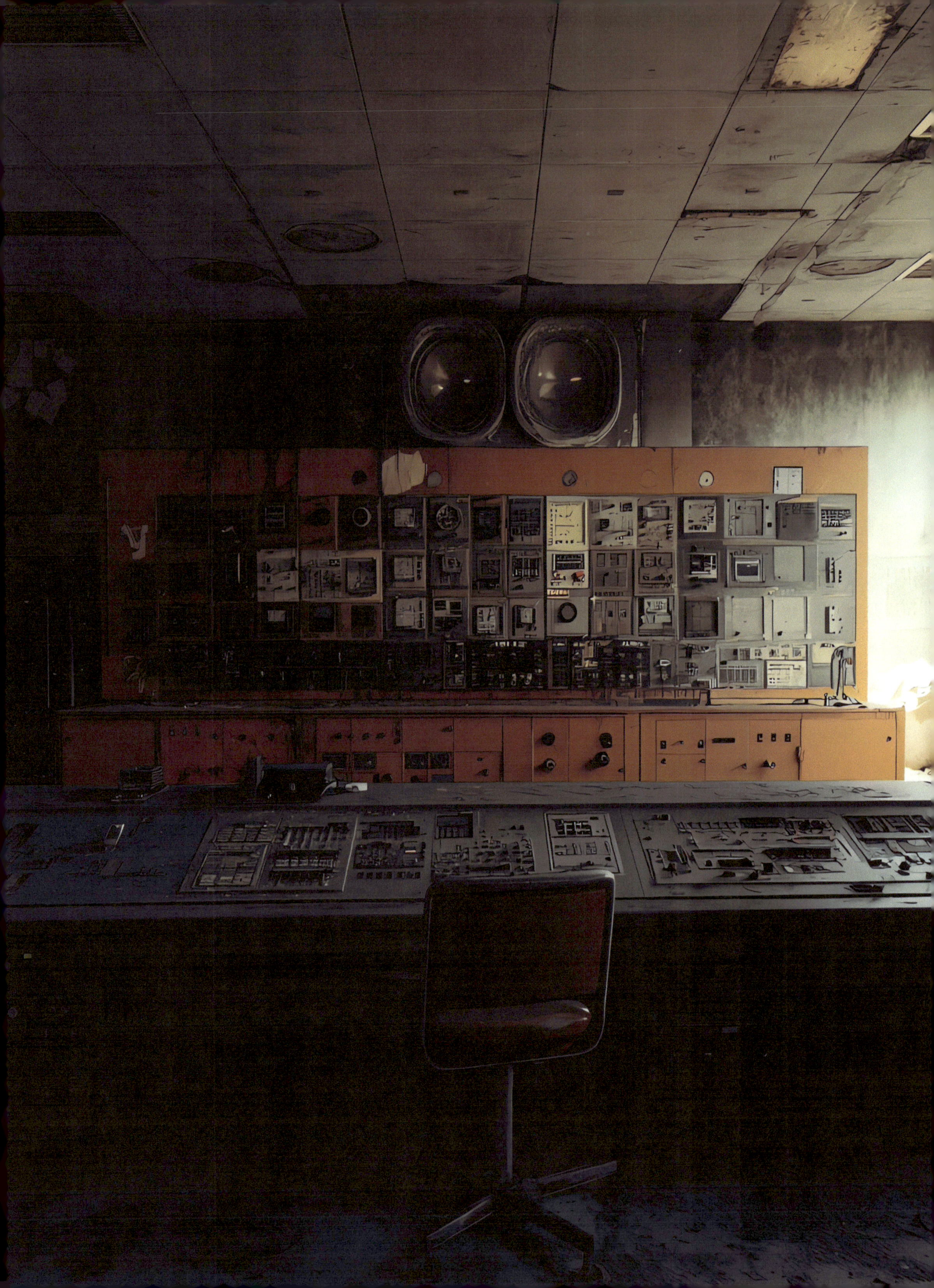

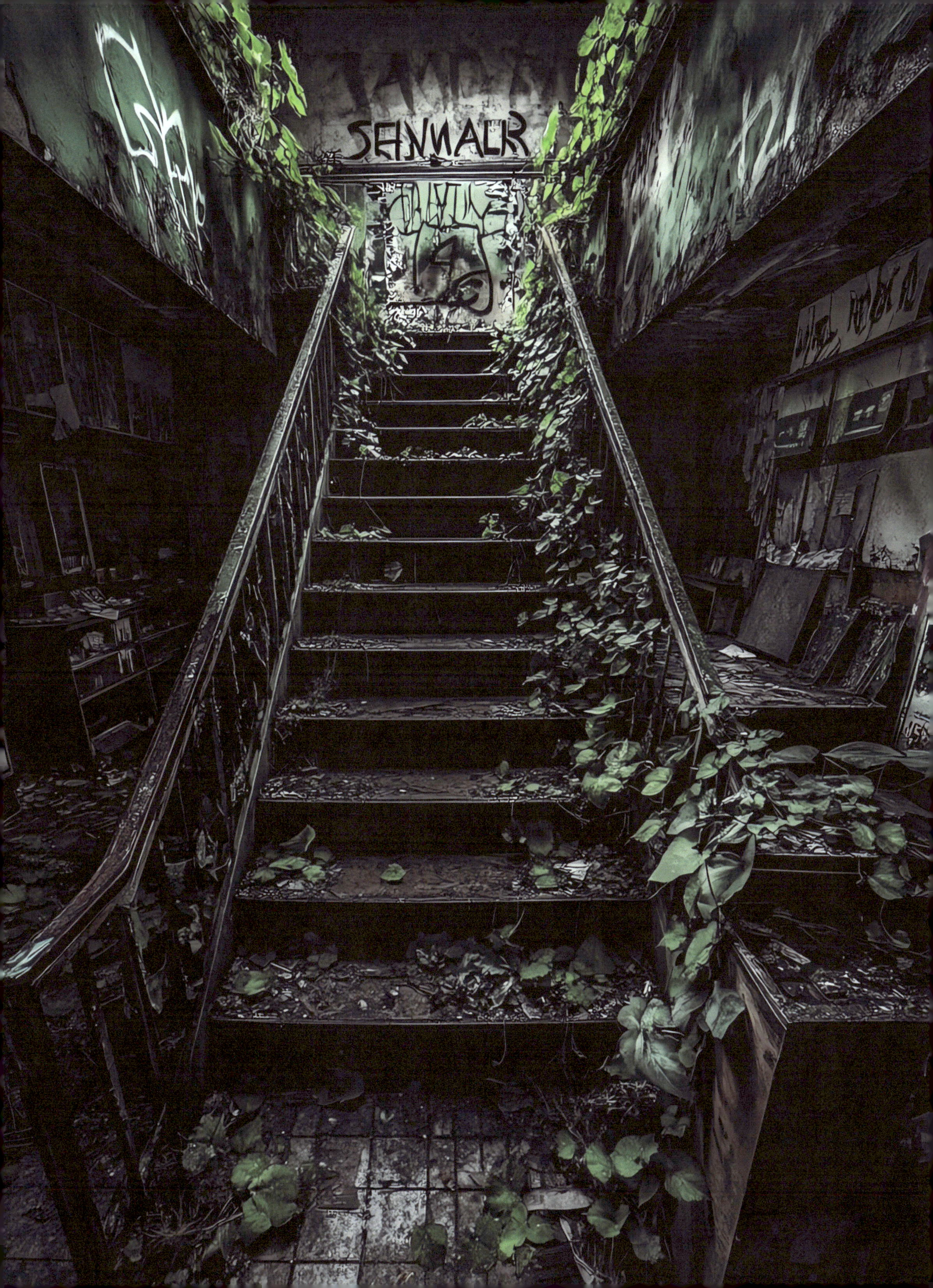
SEHNMALR

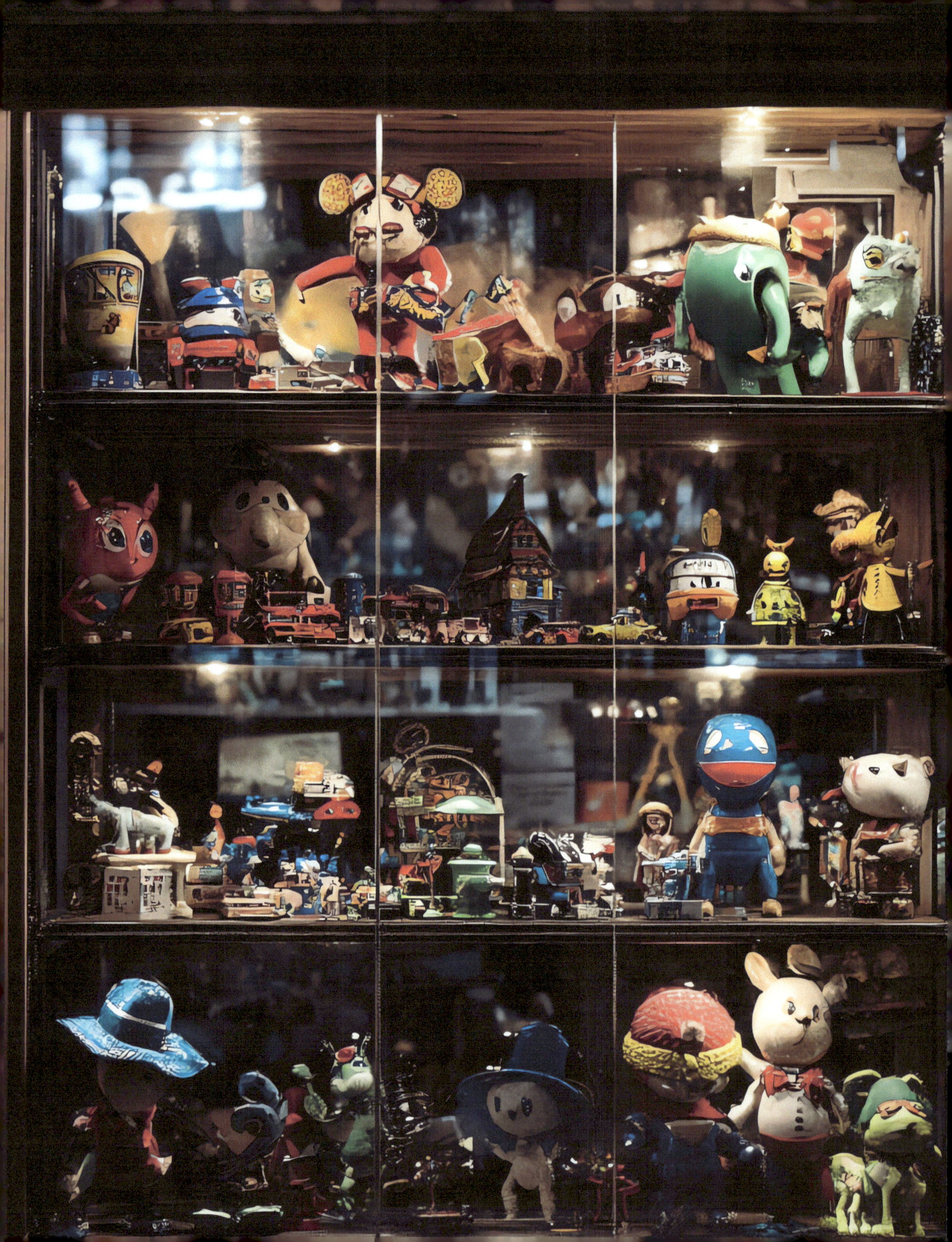

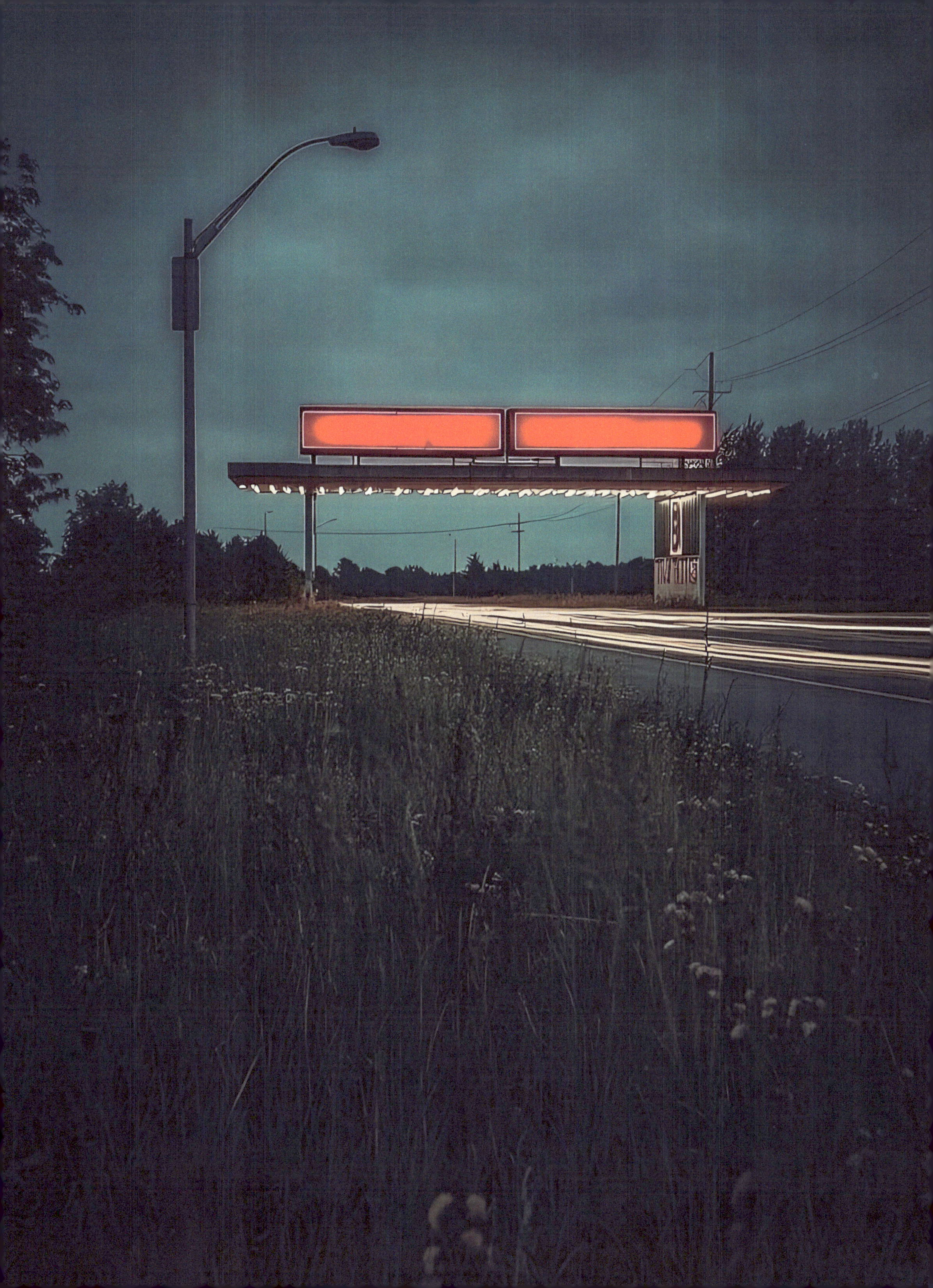

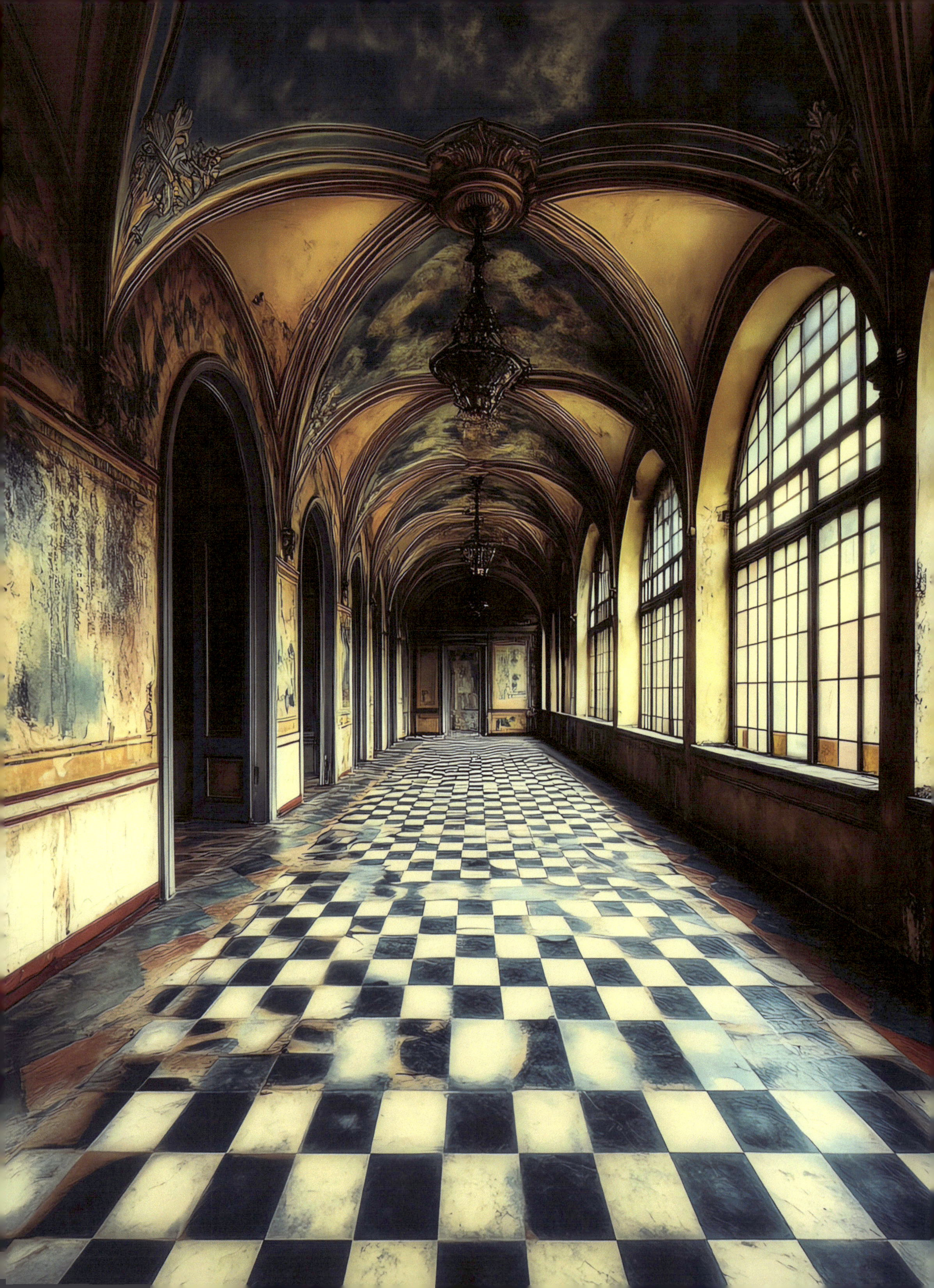

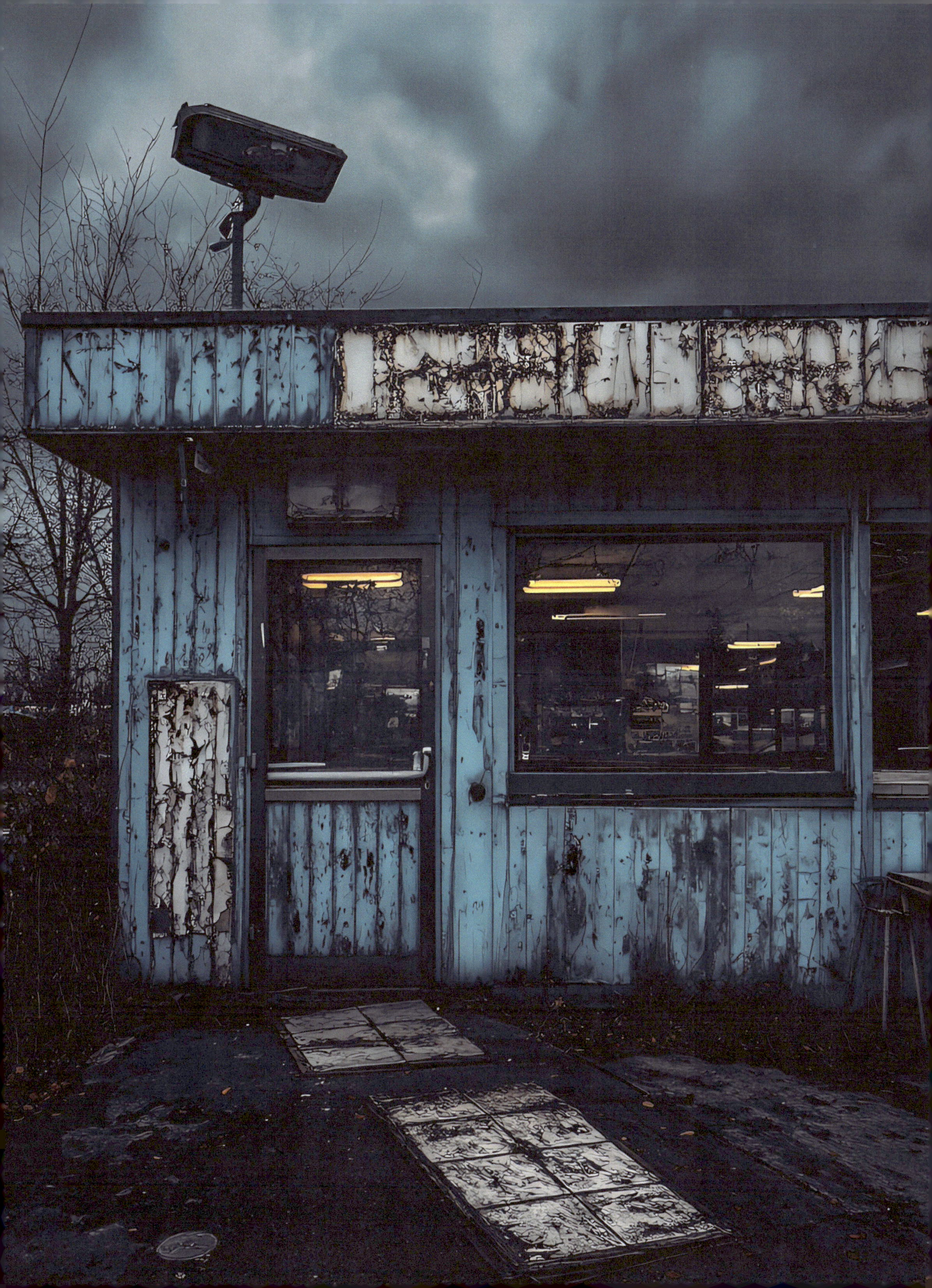

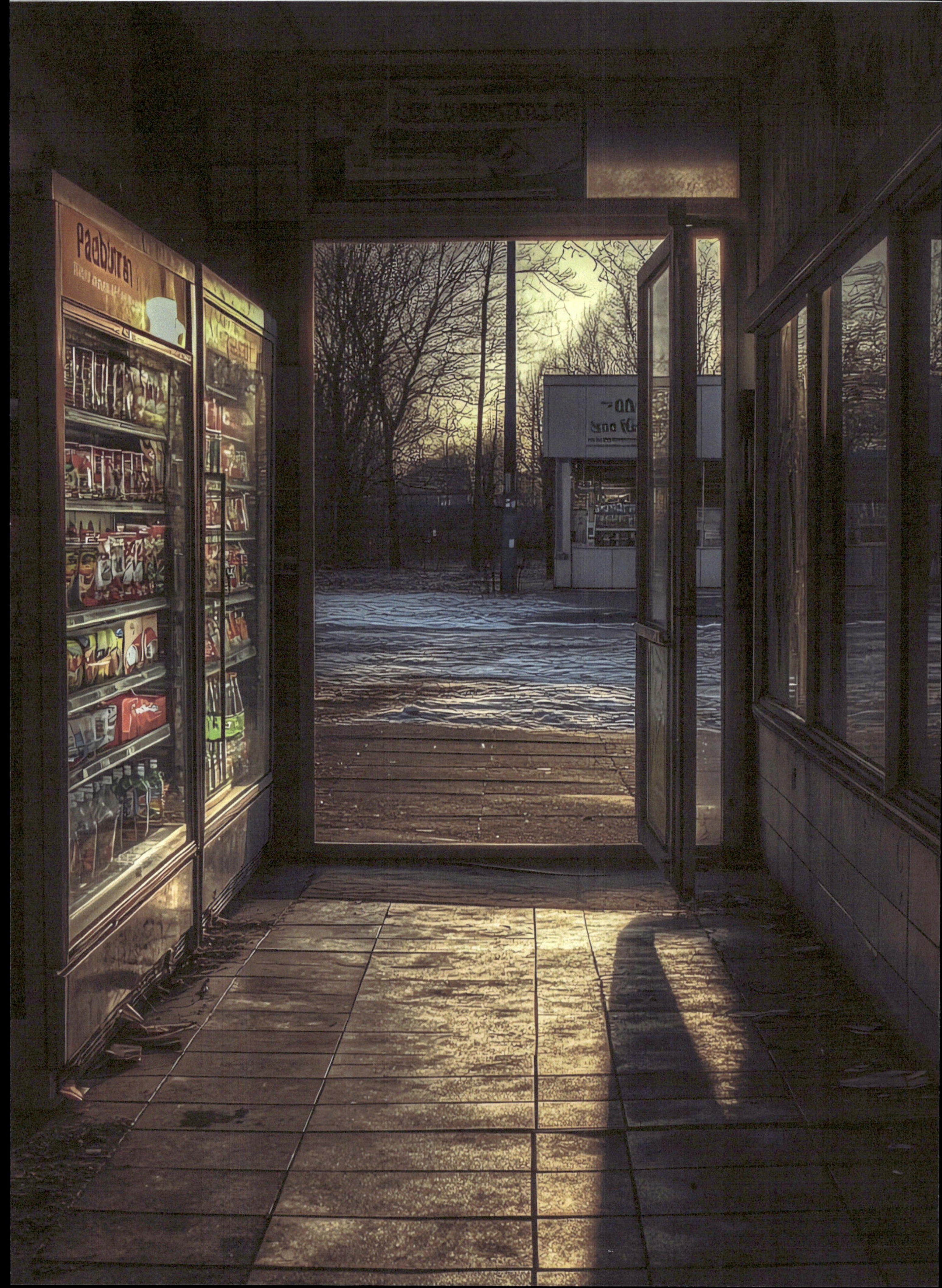

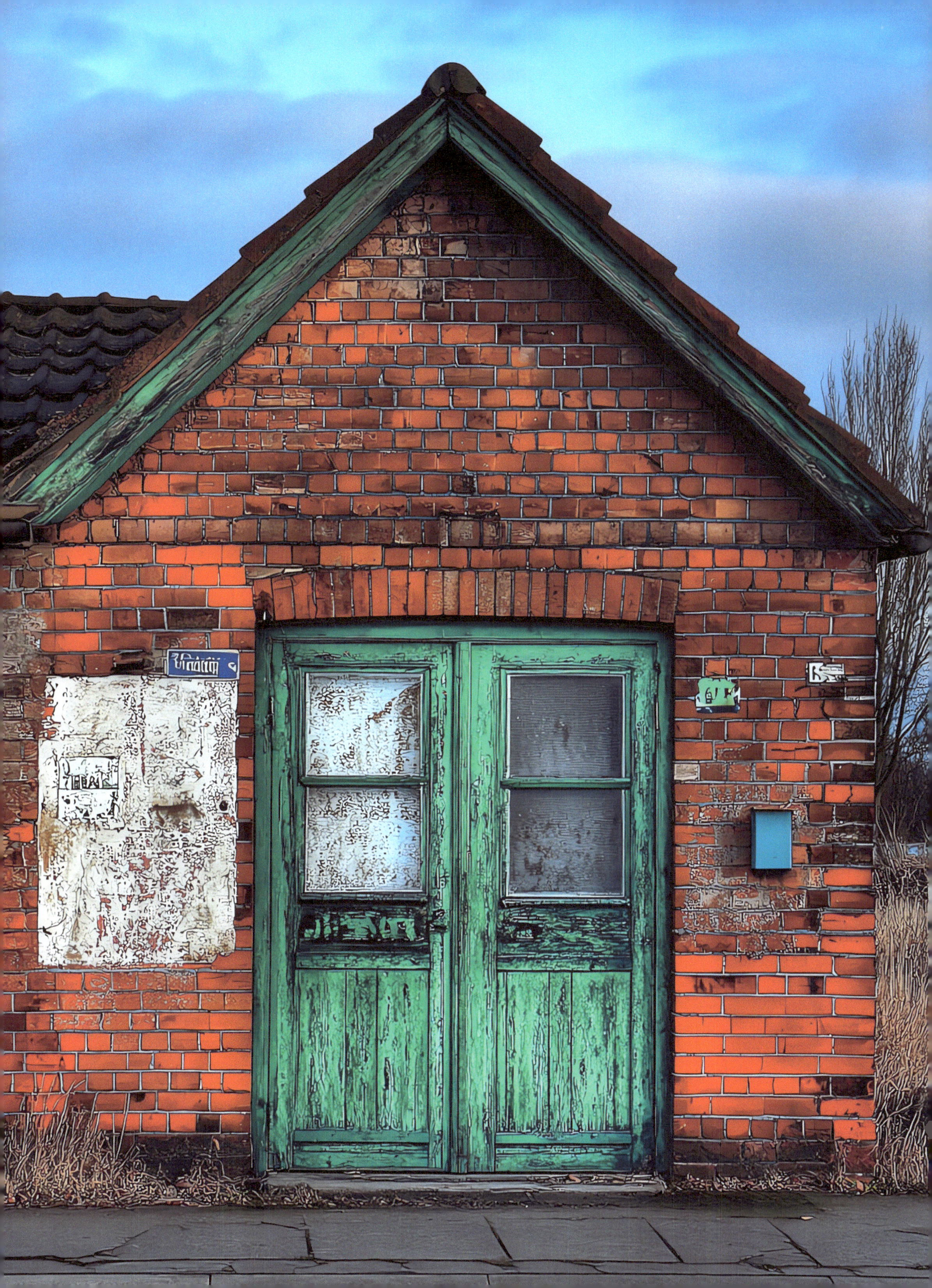

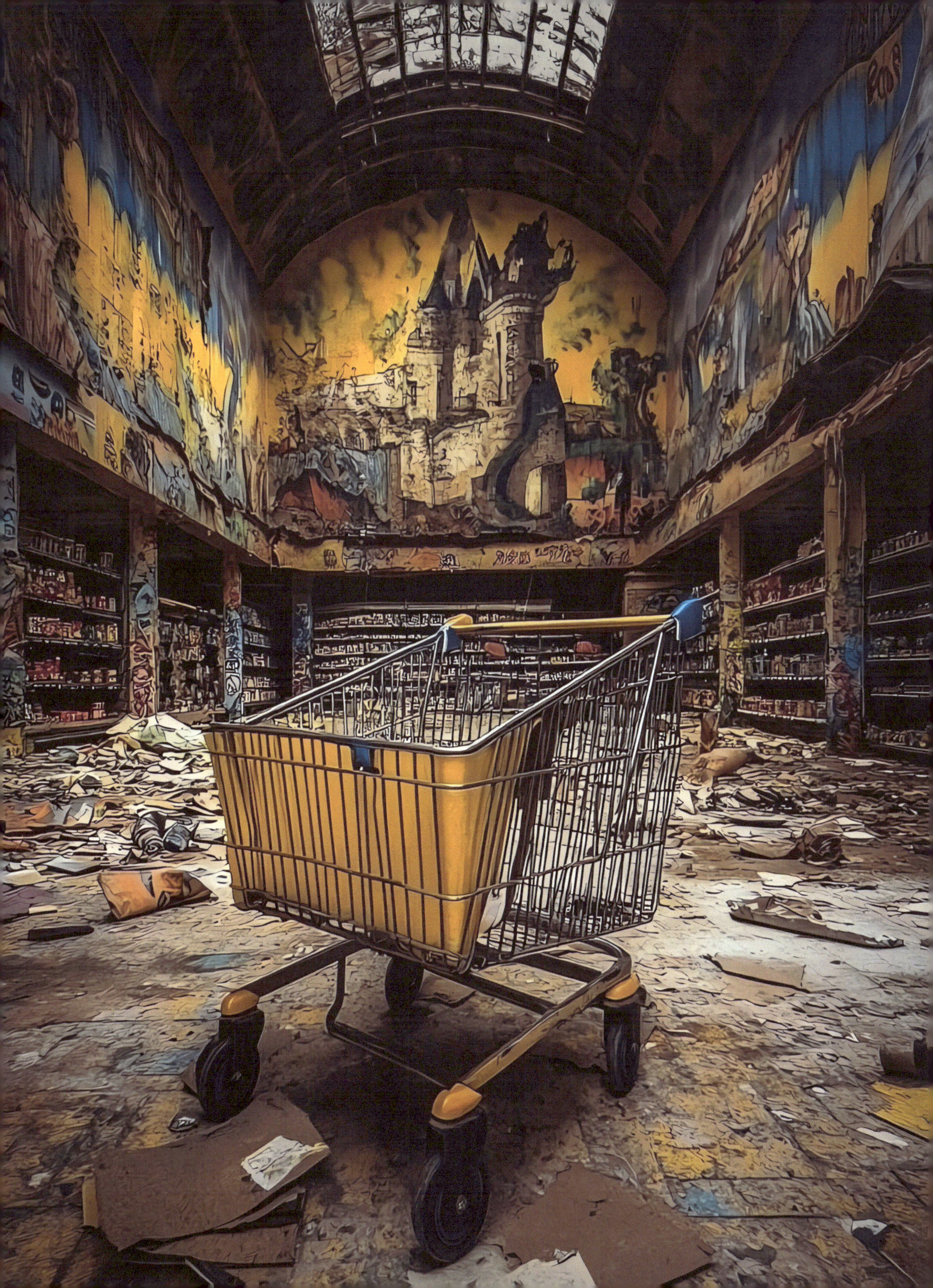

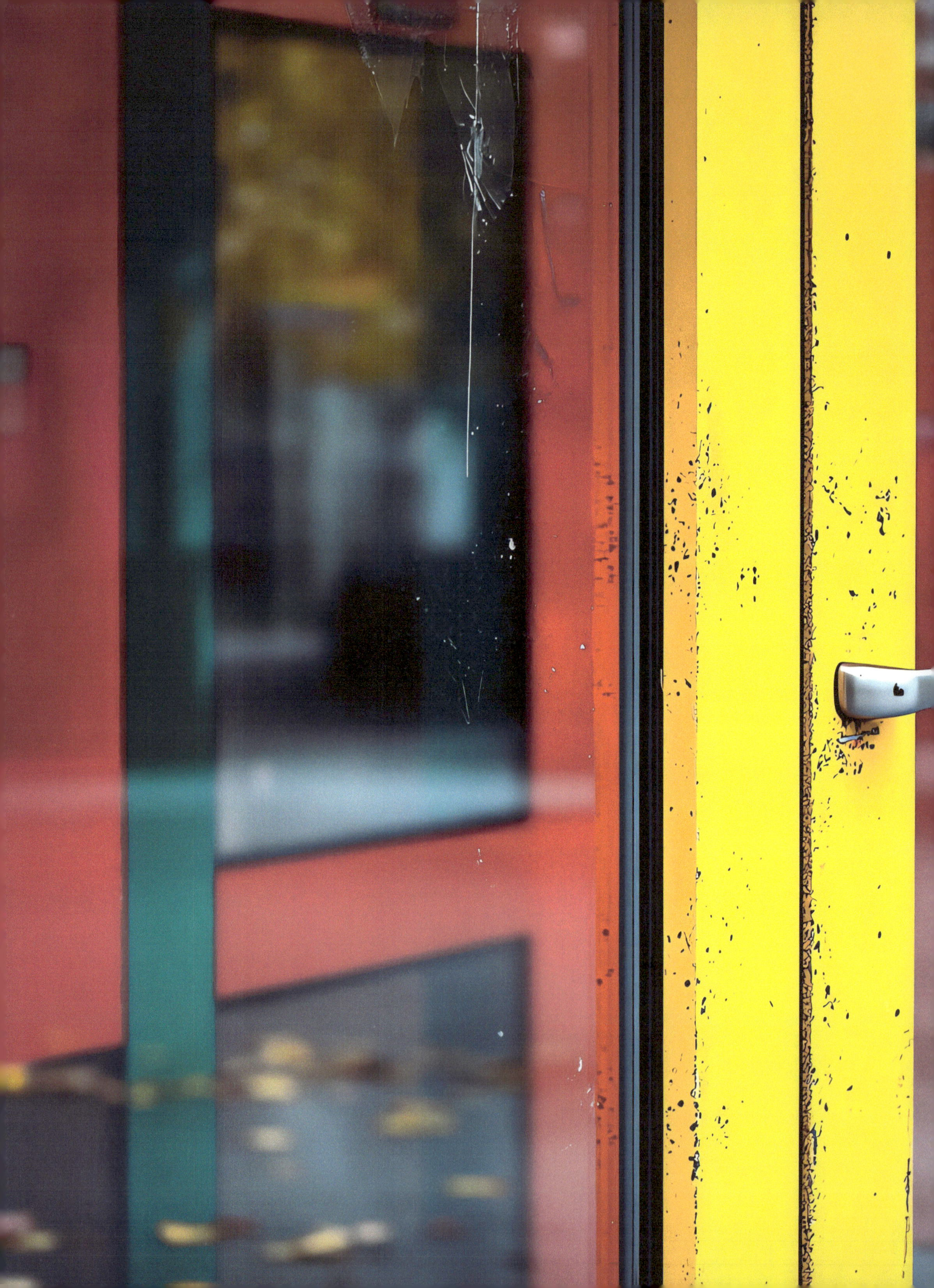

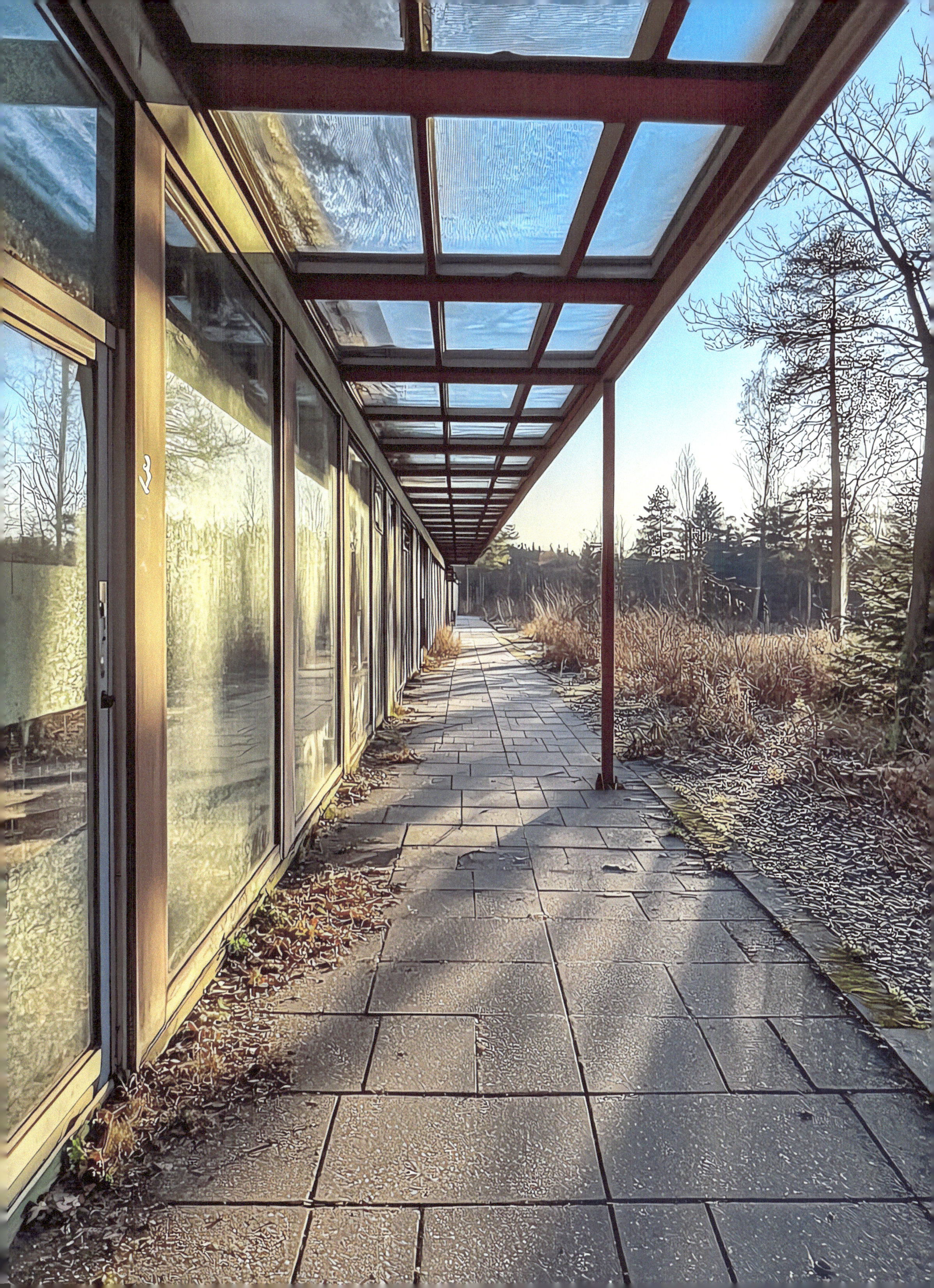

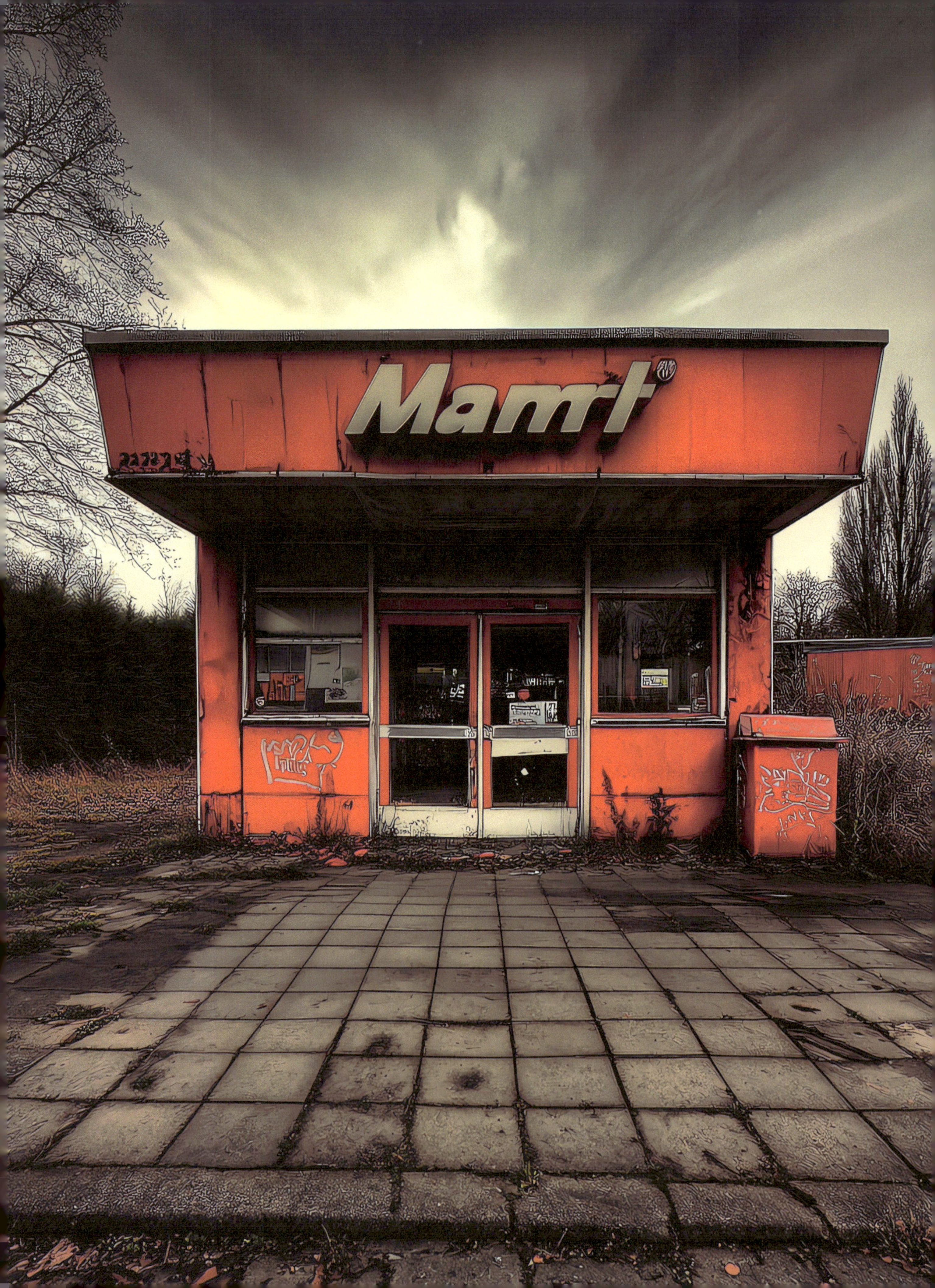
Mamrl

www.ingramcontent.com/pod-product-compliance
Lightning Source LLC
Chambersburg PA
CBHW040420220526
45473CB00004B/1297
* 9 7 9 8 3 0 3 2 5 6 3 7 8 *